छिछोरेबाजी का रिजोल्यूशन

[व्यंग्य-संग्रह]

छिछोरेबाजी का रिजोल्यूशन

पीयूष पांडे

राधाकृष्ण

नयी दिल्ली पटना इलाहाबाद

हिंदी अकादमी, दिल्ली के सहयोग से प्रकाशित

ISBN : 978-81-8361-533-4

छिछोरेबाजी का रिजोल्यूशन

पहला संस्करण : 2012

मूल्य : ₹ 150

प्रकाशक
राधाकृष्ण प्रकाशन प्राइवेट लिमिटेड
7/31, अंसारी मार्ग, दरियागंज, नई दिल्ली-110 002

शाखाएँ : अशोक राजपथ, साइंस कॉलेज के सामने, पटना-800 006
पहली मंजिल, दरबारी बिल्डिंग, महात्मा गांधी मार्ग, इलाहाबाद-211 001

वेबसाइट : www.radhakrishnaprakashan.com
ई-मेल : info@radhakrishnaprakashan.com

आवरण : कौशल श्रीवास्तव

मुद्रक
बी.के. ऑफसेट
नवीन शाहदरा, दिल्ली-110 032

CHHICHHOREBAJI KA RESOLUTION
by Piyush Pandey

पिता प्रकाश मोहन पांडे
और
मां रेखा पांडे को,
जिन्होंने जीवन में सदैव
अपनी मर्जी का करने की छूट दी...

लेखकीय

व्यंग्य लिखना टेढ़ा काम है। व्यंग्यकार की उर्वर खोपड़ी को सतत चलायमान और चक्षुओं को निहायत छोटी-छोटी बातों पर जमायमान अवस्था में रखना पड़ता है। क्योंकि व्यंग्य लिखने के लिए शिल्प, भाषा, व्याकरण के अलावा एक 'आइडिया' जरूरी होता है। वैसे, इन दिनों व्यंग्य के नए नए विषय इफरात में पैदा हो रहे हैं। यूं किसी भी विषय को आप खींच-तान कर राजनीतिक, सामाजिक, धार्मिक और सांस्कृतिक खांचे में फिट कर सकते हैं, लेकिन इन खांचों के भीतर रहते हुए भी कई विषय अपने आप में स्वतंत्र दृष्टि की मांग करते हैं। व्यंग्य विसंगतियों का जीवंत दस्तावेज माना गया है, और नए दौर की विसंगतियां कुछ अलग भी हैं। आज भूकंप आने पर लोग घर इमारत से बाहर निकलने के बजाय पहले फेसबुक पर 'स्टेटस अपडेट' करते हैं। आईपीएल का मुकाबला इसलिए भी देखते हैं ताकि चीयरलीडर्स को देख नयनसुख की प्राप्ति हो सके। आज बरिस्ता में 200 रुपए वाली कॉफी की चुस्कियां लेते हुए कई मुहब्बतें परवान चढ़ती हैं, तो कई ब्रेक-अप भी यूं होते हैं कि मानो वेटर से सिर्फ कैपिचीनो को एक्सचेंज

कर कैफेलाटा मंगवानी है। आज योजना आयोग दिन में 32 रुपए कमाने वाले को गरीब नहीं मानता, अलबत्ता करोड़ों रुपए अंटी में रखे बाबुओं और नेताओं को गरीबी परेशान कर रही है। तर्क है—मुद्रा का अवमूल्यन हो रहा है।

तो व्यंग्यकार प्रोफेसर अरोड़ा के 'रिश्ते ही रिश्ते—मिल तो लें' की तर्ज पर कह रहा है कि 'सब्जेक्ट ही सब्जेक्ट—संपादक मिल तो लें।' संपादक मिल भी लें लेकिन जरूरी नहीं कि व्यंग्य छप ही जाए। व्यंग्य का छपना भी कम दुष्कर नहीं है। लेकिन, नए व्यंग्यकार के लिए जरूरी है कि वह अपने बारे में गलतफहमी पाले रहे। अरसा पहले 'दैनिक जागरण' आगरा में पहला व्यंग्य प्रकाशित हुआ तो मुझे भी यह गलतफहमी हो गई। वैसे भी आदरणीय स्वर्गीय शरद जोशी ने एक जगह लिखा है कि हर लेखक को अपने बारे में गलतफहमी होनी चाहिए। मेरी इस गलतफहमी पर मुहर उन संपादकों अथवा संपादकीय विभागों के प्रमुख दिग्गजों ने लगा दी, जिन्होंने बिना किसी सिफारिश के व्यंग्य प्रकाशित कर दिए।

टांग अड़ाना अपना स्वभाव है। यह एक्सक्लूसिव गुण व्यंग्यकार के व्यक्तित्व का आवश्यक हिस्सा है। तो इस लिहाज से अपन व्यंग्य लिखने की क्वालिफिकेशन रखते हैं। मैंने व्यंग्य शुरूआती दौर से अखबारों-वेबसाइट्स-ब्लॉग आदि के लिए लिखे तो उसमें तात्कालिकता का बोध है। पाठक इस बात को यूं भी पढ़ सकते हैं कि अपन अव्वल दर्जे के जागरूक और प्रतिक्रियावादी लेखक हैं। इस संग्रह में प्रकाशित रचनाओं को खांटी साहित्यिक पैमाने पर कसना ठीक नहीं होगा क्योंकि ये साहित्यिक पत्रिकाओं के लिए लिखी ही नहीं गई हैं।

व्यंग्य को साधना निश्चित ही बहुत मुश्किल है। यह कहने में कतई हिचक नहीं है कि मैं इस विधा को साधने का अभी प्रयत्न कर रहा हूं। विद्यार्थी हूं। अख़बारों के लिए लिखने वाले व्यंग्यकारों से भी हर व्यंग्य में अपेक्षा होती है कि वे देखन में छोटन लगें, घाव करें गंभीर। लेकिन यह इतना आसान नहीं है। आसान कुछ भी नहीं है। कुछ लोग तो हिन्दी पत्रकार के होने और महंगाई के इस दौर में टिके होने को ही एक चमत्कार मानते हैं।

इस लिहाज से हिन्दी पत्रकार-लेखक होना एक विडंबना है, किंतु

इस विंडबना को अलग आयाम उस वक्त मिल जाता है, जब आप किसी एक विषय के थोड़े-बहुत जानकार मान लिए जाएं और दूसरी विधा में हाथ आजमाते दिखें। इसलिए सोशल मीडिया से जुड़े विषयों पर नियमित लिखते हुए व्यंग्य लेखन मुश्किल रहा, क्योंकि अधिकांश संपादकीय प्रभारियों की इच्छा या आग्रह होता कि मैं सोशल मीडिया पर लिखूं। बावजूद इसके अपन व्यंग्य ठोंकते रहे। तो व्यंग्य संग्रह प्रकाशित होने का यह अवसर कई शुभचिंतकों को धन्यवाद देने का भी है। मैं इस अवसर पर सबसे पहले स्वर्गीय श्री राकेश अंशुमान को याद करना चाहूंगा, जिन्होंने 'दैनिक जागरण' आगरा में मेरा पहला व्यंग्य प्रकाशित किया। व्यंग्य को नियमित प्रकाशित कर हौसला बढ़ाया। व्यंग्य लिखने की लत लगी तो अखबारों में डाक से व्यंग्य भेजने आरंभ किए। इस दौर में 'दैनिक ट्रिब्यून' के राजकुमार जी ने नियमित संपादकीय पेज पर व्यंग्य प्रकाशित किए तो उन्हें शुक्रिया कहना चाहता हूं। 'स्वतंत्र वार्ता' में राधेश्याम शुक्ल ने व्यंग्य को जगह दी तो उन्हें भी धन्यवाद। इन दोनों हस्तियों से मैं व्यक्तिगत तौर पर कभी नहीं मिला। शुरुआती दौर में 'दैनिक नवज्योति' में भी कई व्यंग्य प्रकाशित हुए, जिससे मेरा हौसला बहुत बढ़ा। इस मौके पर उस 'अनजान शुभचिंतक' को भी धन्यवाद, जो साल 2000-03 के बीच वहां संपादकीय विभाग के प्रभारी थे। मित्र विजय रावत ने उस वक्त 'दैनिक हरिभूमि' में व्यंग्य प्रकाशित किए तो उसे भी धन्यवाद। यह अवसर प्रतिभा कटियार को भी धन्यवाद देने का है, जिन्होंने जागरण 'आईनेक्स्ट' में रहते हुए मेरे व्यंग्य को जगह दी। हरेप्रकाश उपाध्याय जी ने 'जनसंदेश' में व्यंग्य प्रकाशित किए तो उन्हें भी शुक्रिया। 'प्रभात ख़बर' से मैं एक वर्ष जुड़ा रहा हूं, लेकिन वहां व्यंग्य लेखन के लिए मंजूषा सेंगर ने आग्रह किया तो उन्हें भी धन्यवाद।

इस अवसर पर मैं उन लोगों को भी धन्यवाद देना चाहता हूं, जिनकी मेरी लेखकीय-पत्रकारीय यात्रा में खास भूमिका रही है। व्यंग्य की दुनिया में आ सका, इसमें इन सभी का अदृश्य योगदान है। सबसे पहले श्री राजीव कटारा को धन्यवाद, जिन्होंने कॉलेज की पढ़ाई के दौरान ही न केवल लेखन के कई अवसर दिए बल्कि फीचर लेखन की बारीकियां बताने से लेकर हिन्दी को दुरुस्त करने का काम भी किया। श्री गोविन्द सिंह को भी बहुत बहुत आभार, जिन्होंने 'नवभारत टाइम्स'

के संपादकीय पेज पर उस वक्त लेख छापे, जब मैं महज 18-19 वर्ष का था। उस वक्त मैंने आंखों पर चश्मा सिर्फ इसलिए लगाना शुरू किया था ताकि संपादकीय विभाग के प्रमुख 'गंभीरत्व' देखकर कम से कम लेख तो स्वीकार करें।

श्री रामकृपाल सिंह का आशीर्वाद 'नवभारत टाइम्स' में काम करते हुए मिला तो ऑनलाइन संस्करण में कार्य करते हुए प्रिंट एडिशन में भी लगातार लिखा। 'आज तक' में कार्य करना जीवन का खास अनुभव रहा। यहां कई वरिष्ठों ने टेलीविजन पत्रकारिता करने का आत्मविश्वास भरा। किसका नाम लूं? इन सभी का धन्यवाद। इस आत्मविश्वास को श्री पुण्य प्रसून बाजपेयी ने अलग धार दी। उनके नेतृत्व में 'सहारा समय' में बिताए चंद महीनों में एक अलग पत्रकारीय दृष्टि विकसित हुई तो उन्हें भी धन्यवाद कहना चाहता हूं। सहारा के बाद श्री नरेंद्र पाल सिंह (एनपी) के साथ कुछ दूसरी जगहों पर भी काम किया। उन्होंने क्रिकेट वेबसाइट में व्यंग्य और फिर 'प्रभात खबर' में लेखन के मौके मुहैया कराए। इस अवसर पर उन्हें भी धन्यवाद। श्री विष्णु नागर का भी धन्यवाद, जिन्होंने बीते वर्षों में लेखन के कई मौके दिए। इस अवसर पर अपने गुरु और मार्गदर्शक बृज खंडेलवाल को भी धन्यवाद देना चाहता हूं, जिनसे पत्रकारिता के साथ जीवन जीने की उत्साहधर्मिता को भी समझा।

कुछ लोगों को धन्यवाद कहा नहीं जा सकता किंतु जिक्र जरूरी है। पहला नाम आलोक पुराणिक का। व्यंग्य और लेखन का बीज मेरे भीतर उन्हीं का बोया हुआ है। चाचा प्रमोद मोहन पांडे ने शुरुआती दौर में मेरे पत्रकारीय पौधे को पल्लवित किया। दोनों छोटे भाई प्रतीक और पुनीत तकनीकी परेशानियों को सुझलाने के साथ कई व्यंग्य रचनाओं के पहले पाठक रहे। तो इन सभी का मन से आभार।

हिन्दी अकादमी, दिल्ली द्वारा इस संकलन के प्रकाशन में दिए योगदान के प्रति मैं आभार व्यक्त करता हूं। राजकमल प्रकाशन के अशोक माहेश्वरी जी का भी तहे दिल से शुक्रिया, जिन्होंने विश्व पुस्तक मेले के फौरन बाद मेरे आग्रह को स्वीकारा और संग्रह को यथाशीघ्र प्रकाशित किया।

अंत में पत्नी गौरी, बेटे पलाश और बेटी पिहु को धन्यवाद। गौरी भी कई रचनाओं की पहली पाठक रही है। कई बार आलोचक भी।

किताब के बाद मेरी व्यंग्य रचनाओं की डिमांड में भयंकर उछाल आएगा और प्रकाशक अगली रचनावलियों के लिए अभी से पेशगी देंगे—इसी कामना के साथ।

11 मार्च 2012 **—पीयूष पांडे**

अनुक्रम

लेखकीय 7

छिछोरेबाजी का रिजोल्यूशन 17

फेसबुकिया मुहब्बत के दौर में 20

सवाल मजनूं की इज्जत का 24

मुहब्बत कर एसएमएस में डाल 27

तेरी गरीबी, मेरी गरीबी 29

दुकान आइडिए की! 31

प्रॉमिस न कीजै! 33

महबूबा प्रलय 35

जूता 37

गुरुजी का टोटा 40

आल इज नॉट वेल! 42

स्टेच्यू बनाम अर्थव्यवस्था 44

'करप्शन' पर अनशन 47

कैटरीना के पक्ष में! 49

गर्भवती खबर	51
चीयरलीडर का खत	53
धांसू रोजगार पर ध्यान दो!	55
प्रदर्शनकारियों के नाम खुला खत	57
माही के नाम दर्शक का खत	59
सीजन देशभक्ति का	61
मुझे दीजिए भारत रत्न	63
लॉबिंग का सिलेबस	65
एक नजर इधर भी	67
'दारूबाज आंदोलनकारी' का इंटरव्यू	69
अखियां दिल्ली दर्शन को प्यासी	72
नए जमाने में गब्बर की होली	75
ये कैसा बेशर्मी मोर्चा!	78
किसिम किसिम की मुहब्बत	80
गर्मी में किसकी पहनूं	83
माई बाप मैं ही गधा हूं	87
आदमी बनाम लंगूर	90

छिछोरेबाजी का रिजोल्यूशन

छिछोरेबाजी का रिजोल्यूशन

रिजोल्यूशन-रिजोल्यूशन। दिलचस्प खेल है ये। नए साल के मौके पर खूब खेला जाता है। पूरी दुनिया में। खासकर अमेरिका-ब्रिटेन में। फिरंगी खेलें और हम नहीं! नकल हमारा जन्मसिद्ध अधिकार है। इसलिए हम भी जमकर खेलते हैं। साल के आखिरी दिन रिजोल्यूशन करने वालों की तादाद अचानक हिमालय की चोटी लांघ जाती है। लेकिन, आप 31 दिसंबर को चूक जाएं तो निराश होने की जरूरत नहीं है। नए साल के पहले हफ्ते तक ये खेल बदस्तूर जारी रहता है।

रिजोल्यूशन एक्सपर्ट बताते हैं कि ये तीन प्रकार के होते हैं। पहला, जो सिर्फ नए साल के पहले दिन की शाम तक डंके की चोट पर चलता है। लेकिन, रात होते होते धराशायी हो जाता है। दूसरा साप्ताहिक प्रण यानी वीकली रिजोल्यूशन। नाम से साफ है कि ये रिजोल्यूशन हफ्ते भर चलता है, लेकिन इस संडे से उस संडे तक आते आते शहीद हो जाता है। मासिक प्रण यानी मंथली रिजोल्यूशन एक महीने चलता है। ये विकट किस्म का रिजोल्यूशन होता है क्योंकि इसके झांसे में परिवार वाले भी आने लगते हैं। बंदा, जो रोज दारू पीता हो।

रिजोल्यूशन ले कि नहीं पीऊंगा। फिर, एक महीने नहीं पिये तो घरवालों को भी यकीन होने लगता है कि बंदा डट गया अपनी बात पर। लेकिन, एक महीने बाद अचानक झूम शराबी झूम गाते हुए घर पहुंचता है, तो बर्तन भी टूटते हैं और भरोसा भी।

वैसे, एक चौथा प्रकार और होता है रिजोल्यूशन का। वार्षिक प्रण। जानकार मानते हैं कि ये रिजोल्यूशन निभाने की औकात आजकल के बंदों में रही नहीं। लेकिन, धरती पर जनमे जो इक्का दुक्का पहलवान इस रिजोल्यूशन को निभाने की हिम्मत रखते हैं, वो इसे लेने के लिए नए साल का इंतजार नहीं करते।

खैर, अपना इरादा रिजोल्यूशन पर आईएएस मार्का निबंध लिखने का नहीं है। सबको इसकी महिमा भी पता है, और खुद की औकात भी। लेकिन, अपना खुद के बारे में यकीं यही है कि अपन इक्के दुक्के कैटेगरी के पहलवान हैं। यानी ठान लिया सो ठान लिया। ये अलग बात है कि जब ठानने की बात आई, तो नया साल आ गया। यानी रिजोल्यूशन लेने के लिए हमने वक्त चुना तो नये साल को भी आना पड़ा। अब, जब मिल बैठे हैं कि हम, नया साल और रिजोल्यूशन—तो धमाका तो होगा ही।

पुराने जमाने के खगड्ड मानते हैं कि रिजोल्यूशन के बारे में किसी को बताना नहीं चाहिए। लेकिन, बताया नहीं तो काहे का रिजोल्यूशन। पब्लिसिटी का जमाना है। इसकी भी खूब पब्लिसिटी होनी चाहिए। हम भी यही मानते हैं, इसलिए पाठकों को इनके बारे में बताना अपना कर्तव्य समझते हैं।

नए साल पर अपना पहला रिजोल्यूशन है—खूब छिछोरेबाजी करना। गलत न समझें भइया। वक्त इसी का है। छिछोरेबाजी करेंगे तो मौका बिग बॉस में मिल सकता है। कइयों ने इसी गुण के बूते बिग बॉस के घर एंट्री मारी है। फिर, वहां भी यही काम करेंगे। गर्लफ्रेंड नहीं होगी तो पहले बनाएंगे। फिर छोड़ेंगे। तीसरी पटाएंगे। बिग बॉस में एंट्री मिली तो छिछोरेबाजी में एक्सपर्टीज भी होगी और बैठे बिठाए पब्लिसिटी भी। बिग बॉस के घर से निकलने के बाद किसी शो में जज बन जाएंगे या कहीं नाचेंगे या किस्मत जोरदार हुई तो फिल्मों में निकल लेंगे।

खुदा न खास्ता ये महान कर्म करने की हिम्मत नहीं जुटा पाए तो बॉडी बिल्डिंग करेंगे। न शाहरुख के छह, न आमिर के आठ, अपने

अलग फोर पैक्स बनाएंगे। मिस्टर परफेक्शनिस्ट सिखा गए हैं कि बेचने का सलीका हो तो कुछ भी बेचा जा सकता है। चाहे आड़े-तिरछे कटे बाल हों या गठीला बदन। एट और सिक्स के बाद फोर पैक्स भी खूब चलेंगे। अभी तक किसी ने बनाए कहां है भला!

साल के पहले सात आठ महीनों में ये दो रिजोल्यूशन पूरे नहीं हो पाए तो रक्षाबंधन पर माही की पत्नी से राखी बंधवाएंगे। भइया, जमाना धोनी का है। किसे टीम में रखना है, किसे किस नंबर पर खिलाना है, किस प्रॉडक्ट के लिए जिद करनी है, वो सब जानते हैं। जोरू का भाई बनेंगे तो माही का कुत्ता, माही का स्वीमिंग पूल और माही की सेंचुरी दिखाने वाले मीडिया में अपन भी छा जाएंगे।

लेकिन, अगर इनमें से कुछ नहीं हो पाया तो जनाब साल के आखिर में वो खेल करेंगे कि पब्लिसिटी पैरों में लोटेगी। भइया, अपने दोनों पैरों के सड़ांध मारते दस नंबरी जूते संभाल कर रखेंगे और तीनों रिजोल्यूशन फेल होने पर साल के आखिर में किसी देशी बुश की कनपटी पर सीधे दे मारेंगे। सटाक। लीजिए–बन गये हीरो। आप क्या कहते हैं?

फेसबुकिया मुहब्बत के दौर में

उम्र के 27 बसंत सूखे सूखे झड़ चुके थे। प्रेम रस का सर्वांग अनुभव तो क्या, एक बूंद भी इस बदनसीब खाकसार को नसीब नहीं हुई थी। पहला प्रेम कक्षा आठ में हुआ था, और पिता जी के दो बेंत पड़ने के बाद वही आखिरी मुहब्बत कहलायी। मुद्दा इतिहास नहीं वर्तमान है। लव, सेक्स और धोखा और इश्क कमीना के इस दौर में 27 साल कोरे-कोरे निकल जाएं तो अपने आप में बेइज्जती है। यह बेइज्जती लगातार झेलने का साहस हम किए जा रहे थे। लेकिन, बीस-इक्कीस साल के छोरों को एक साथ चार-चार गर्लफ्रेंड घुमाते हुए देख मन बेइज्जती के एफिल टॉवर पर चढ़ खुदकुशी का होने लगा था। यह कुंठा अपने चरम पर पहुंच गई, जब एक दिन अपने 18 साल के भतीजे के श्रीमुख से उसकी विदेशी महिला मित्रों के नाम सुने।

हमने पूछा, क्यों भाई। ये क्या खेल जमाए हो। विदेशी छोरियां कहां से पटाए हो?

वो बोला, चाचा फेसबुक। वी आर क्लोज फ्रेंड्स।

दिल्ली, मुंबई की मित्रों के बारे में तो पता था लेकिन न्यूजर्सी

और बैंकुवर की छोरियां भी रोज रात में हमारे बालक से नैन मटक्का सॉरी नैट मटक्का कर रही थीं। हद तब हुई, जब मुंबई की एक बालिका का फोन एक दिन आ गया। यानी नैट पर मिली छोरी अब सैट हो रही थी। भतीजे की इस बंपर किस्मत को देख अपन भी फेसबुकिया मुहब्बत के लिए भिड़ गए।

फेसबुक पर मुहब्बत की एबीसीडी सीखने के लिए भतीजे को अपना गुरु बनाया। एएसएल और एलओएल जैसे शब्दों के संस्कार ग्रहण किए और पिल पड़े एक के बाद एक लड़कियों को प्रोफाइल में एड करने के लिए। कइयों ने प्रस्ताव ठुकराया। लेकिन जिन बालिकाओं ने हमारी उजाड़ ट्रेन के लिए लाइन क्लीयर का संदेश भेजा यानी दोस्ती का प्रस्ताव स्वीकार किया तो उन्हें संदेश भेजने में हमने तनिक देर नहीं की। चाहने से भगवान मिल जाता है तो एक दिन एक बालिका ने हमारे संदेश का जवाब भी भेजा।

फेसबुक पर चैट शुरू हो गई। भयंकर सर्दी में बसंत के आगमन सरीखी।

बातचीत में लड़की ने नाम बताया। शहर का नाम बताया। अपने शौक बताए। फिर अगले दिन दोबारा बात करने का वादा कर विदा ली।

अगले दिन फिर बात हुई तो बातचीत में अंतरंगता घुल गई। इधर-उधर की बातों के अलावा उसने पूछा, तुम्हारी गर्लफ्रेंड नहीं है? हमनें नहीं में जवाब दिया तो वो बोली, सच में!

कन्या के 'सच में' वाले दो शब्द रात भर दिल के मॉनीटर पर चमकते रहे। बमुश्किल रात कटी गोया रात न हो गहरी नदी हो, जिसमें डूबने वाला गुड गुड किए जा रहा है और आखिर में कोई बचा ले। रात नौ बजे चैट का वादा था। लेकिन अपन सात बजे ही फेसबुक खोल जम गए। कहीं वो पहले आ गई तो! हमें ऑनलाइन न पाकर चली गई तो! आशंकाओं के घनेरे बादल गली के कुत्तों की तरह बेवजह भौं-भौं करने लगे।

वो वादे की पक्की निकली। रात नौ बजे हाजिर हुई। इस बार बातें शादी की हुई। उसने पूछा, शादी क्यों नहीं की? तो जवाब दिया, अभी तक तुम्हारे जैसे समझने वाली कोई मिली ही नहीं। हमने पूछा कि तुम कैसा लड़का चाहती हो? तो उसने जवाब दिया, लड़का दिखने

में ठीक ठाक हो, सैटल्ड हो और अंडरस्टैंडिंग हो। दिल में ख्याल आया कि ये तीनों गुण तो इफरात में भरे हैं हममें।

बातों का सिलसिला दस दिन चला। हमारा दिल न हुआ, खुली किताब हुआ। हर हर्फ फेसबुक पर उकेर डाला।

यूं फेसबुक पर उसका एक धुंधला सा फोटू चस्पां था, जिस पर की कलाकारी 'आर्टिस्टिक' कहलाती है, अलबत्ता इस कलाकारी के बाद चेहरा पहचानना मुश्किल था। हमने भी साहस बटोर कर कहा, एक तस्वीर भेजो न अपनी अच्छी सी। उसने कहा, दो दिन इंतजार करो, अच्छा सरप्राइज दूंगी। वैसे, तुम दिल्ली में ही हो न इस हफ्ते?

हमें लगा कि दो तीन दिन बाद बालिका अहमदाबाद से दिल्ली आने वाली है। रात भर सपने में संजीव कुमार गाना गाते दिखे—आज फिर उनसे मुलाकात होगी, फिर आमने सामने बात होगी। फिर होगा क्या, क्या पता क्या खबर...।

तीन दिनों तक बालिका फेसबुक पर नहीं दिखी। चैट न हो पाने की बेचैनी तड़पा रही थी, लेकिन इस तड़प को उम्मीद का आसरा था कि शायद वो मिलने आ रही है। फिर, चौथा दिन हुआ...पांचवां भी और छठा भी यूं ही गुजर गया।

सातवें दिन भी वो न आई। रात में फेसबुक खोला तो एक संदेश जरूर कुंडली डाले बैठा था। होंठों पर मुस्कुराहट तैर गई।

संदेश का मजमूं कुछ यूं था—

बुरा न मानना। एक राज तुमसे शेयर करना है। मेरा नाम आरती नहीं है।

हमें लगा कोई बात नहीं। चैट की शुरुआत में सभी लोग अपना नाम गलत बताते हैं। फेसबुक पर कइयों का गलत नाम से प्रोफाइल है।

लेकिन, जैसे ही संदेश पढ़ा, दिल धक सा बैठ गया। आंखों के सामने अंधेरा छा गया। हार्ट अटैक के बारे में सुना था, उसका पहला झटका भूकंप के झटके सा प्रतीत हुआ। संदेश की अगली लाइन थी—

और मैं लड़की भी नहीं हूं। मैं एक पत्रकार हूं और मुझे असाइनमेंट मिला था कि फेसबुक पर अंजान लड़के लड़की का संवाद

किन राहों से गुजरता है और बात करते वक्त लड़कों की मनोवृत्ति किस तरह की होती है, इस पर फीचर लिखूं। मेरा फीचर पूरा हो गया और मुझे माफ कर देना।

आरती ने तो नहीं, पत्रकार महोदय ने फीचर लिखने के चक्कर में हमारी फेसबुकिया मुहब्बत का अंजाम तक पहुंचने से पहले ही गला घोंट दिया था। सीधे सीधे तो कभी मुहब्बत हुई नहीं, सो हम ई-लव या यूं कहें कि फेसबुकिया मुहब्बत करने चले थे। वहां भी इत्ती जोर का झटका लगा कि नफरत हो गई फेसबुक से भी और मुहब्बत से भी।

इस नाकाम मुहब्बत का तो अफसाने में जिक्र भी नहीं किया जा सकता! आपसे जिक्र इसलिए कि कहीं कोई आरती आपका भी दिल न तोड़ दे...।

सवाल मजनूं की इज्जत का

'पापा, क्या मजनूं अंकल अभी भी जीवित हैं?' एक दिन सुबह सुबह अखबार में सचिन भइया के छक्के की खबर पढ़ते हुए हमारे सुपुत्र ने यह गुगली फेंकी।

'नहीं बेटा, मजनूं अंकल को मरे कई साल बीत गए। अब तो वे फिल्मों के गाने और शायरों की शायरी में ही दिखायी देते हैं।' मैंने गुगली को संभलकर खेलते हुए बेहतरीन जवाब देने की कोशिश की।

'लेकिन पापा, अखबार में तो खबर छपी है कि तिलक नगर चौराहे पर एक मजनूं पिटा। ऐसी ही खबर कल भी छपी थी। कल तीन मजनूं पिटे थे।'

अब बारी भज्जी की गुगली की थी। ऐसे सवाल की मुझे आशा नहीं थी। न हमने कभी इस सवाल पर गंभीरता से विचार किया था कि मजनूं के मरने के इतने सालों के बाद आज भी रोजाना केवल मजनूं ही क्यों पिटता है। रांझा क्यों नहीं पिटता। क्यों नहीं यह खबर अखबार में छपती कि 'लड़कियों को छेड़ते हुए चार रांझों की जमकर पिटाई हुई।' या अखबारों में यह क्यों नहीं लिखा जाता कि मनचले महिवाल चौराहे पर धरे गए।

इस गहन चिंतन के बीच हमारे सुपुत्र ने ब्रेटली का तेज बाउंसर डाला। पापा, देखिए खबर में क्या लिखा है। मैं पूरा समाचार पढ़ कर सुनाता हूं।

सुपुत्र ने नयी दिल्ली की डेट लाइन से समाचार पढ़ना शुरू किया। 'दिल्ली पुलिस द्वारा चलाए जा रहे अभियान के तहत आज सुबह तिलक नगर चौराहे के निकट एक मनचले मजनूं की पुलिस ने जमकर धुनाई की। मजनूं का मुंह काला कर से गधे की सवारी करायी गयी। प्राप्त समाचार के अनुसार तिलक नगर चौराहे पर लड़कियों के साथ आवारा मजनुओं की छेड़छाड़ की घटनाएं दिनों दिन बढ़ती जा रही थीं। इसे संज्ञान मे लेते हुए पुलिस ने मजनुओं के खिलाफ यह आक्रामक तेवर अपनाया और अपने अभियान को अंजाम दिया। पुलिस ने इसके साथ ही...'

'बस कर अब। बहुत पढ़ लिया समाचार।' मैंने लगभग झुंझलाते हुए कहा।

लेकिन सुपुत्र तो हाल ही में जीते विश्व कप के नशे में था। मेरे चिल्लाने के अंदाज को अनसुना करते हुए एक और बाउंसर डालते हुए कहा कि आप भी तो पत्रकार हैं। बताइए, मजनूं के मरने के बाद भी अखबार वाले आवारा लड़कों को मजनूं क्यों लिखते हैं। अभी मैंने जो समाचार सुनाया है उसमें तो पांच बार मजनूं अंकल का अपमान किया गया है।

'मजनूं कब से तुम्हारा अंकल हो गया है। जो तुम उसके पिटने की खबर पर चिढ़ रहे हो।' अब मैंने भी बचुए की तरह क्रिकेट की गुगली डालने की कोशिश की।

'अरे कब से हो गया का क्या मतलब है। रिषी कपूर अंकल ही तो मजनूं बने थे लैला मजनूं में। मैंने तो मजनूं की कहानी उस फिल्म के जरिए ही सुनी थी।'

अब मैं भी सोचने को विवश हो गया कि आवारा मनचलों के साथ मजनूं को क्यों घसीटा जाता है। रांझा, महिवाल को क्यों नहीं। क्या इसलिए कि मजनूं गरीब था और साम्राज्यवादी शक्तियों ने उसके नाम का इस्तेमाल कर अपनी भड़ास निकाली।

मजनूं का तो हिंदी फिल्मों में इतना अमूल्य योगदान है। कम से कम पांच फिल्में और पचास गाने मजनूं की वजह से ही बन पाए।

तमाम शेर मजनूं के प्रेम की वजह से अस्तित्व में आ पाए। सवाल यह भी है कि क्या मजनूं लैला पर अश्लील फब्तियां कसा करता था? क्या मजनूं सड़क पर खड़ी दूसरी लड़कियों को देखकर गंदे इशारे करता था? क्या मजनूं कॉलेज के बाहर या दूसरी जगह अकेले में किसी अकेली लड़की का हाथ पकड़ लिया करता था? मजनूं तो बेचारा लुटा, पिटा, मरा, गिरा सिर्फ लैला की वजह से। लैला लैला करते हुए उसने अपने प्रेम का संदेश दुनिया भर में पहुंचा दिया। उधर, अखबार वाले आवारा, मनचले, सड़कछाप आशिकों के साथ मजनूं को नाम जोड़ देते हैं। मजनूं को अपना आदर्श मानने वाले प्रेमियों को ऐसी खबरों को पढ़कर कितना दुख हुआ होगा, इसका अंदाज मुझे आज अपने सुपुत्र के प्रश्न उठाने के बाद हो रहा है।

वैसे, मजनूं के बारे में मेरी जानकारी कुछ कम ही है। कोई मजनूं के बारे में हो रहे इस पक्षपात का कारण बताएगा क्या?

मुहब्बत कर एसएमएस में डाल

हाय! वो भी क्या दिन थे, जब महबूब और महबूबा एक दूसरे को खत लिखा करते थे। आप सोचेंगे कि अचानक इस बावरे के मन में पुराने दिनों की यादें क्यों उफान मार कर रही हैं? तो जनाब इसलिए कि इस फ्रेंडशिप डे पर हमारी वेलेंटाइन ने भी उसी ट्रैक पर अपनी गाड़ी उतार दी, जिस पर आजकल के छोरे-छोरियां चल रहे हैं। ससुर का नाती एक एसएमएस कर दिया। एसएमएस में चंद लाइनें लिखी थीं, जो उसके एसएमएस से पहले 14 भाई लोग भेज चुके थे। एक फूल बना था, जिसे देखकर हम खुद को अंग्रेजी वाला 'फूल' समझ रहे थे। आखिर ऐसी भी क्या व्यस्तता कि एक खत न लिखा जा सके? अपनी निहायत घटिया शायरी में ही सही लेकिन हमारी तारीफ में एक कविता कार्ड पर लिखकर न भेजी जा सके?

वैसे, ज्यादा वक्त नहीं गुजरा जब प्यार की गुटरगूं करते नौजवान बड़ी मुहब्बत से खत लिखा करते थे। नया नवेला आशिक प्रेमपत्र को रोमांटिक बनाने के लिए हिन्दी साहित्य में डूब जाया करता था। गालिब से लेकर मीर तक की शायरी के दरिया में तैर जाया करता था। जुनूनी

किस्म के पागल प्रेमी लहू की लाल स्याही से मुहब्बत का पैगाम लिखा करते थे। आशिक के रकीब यानी प्रेमिका के बाकी प्रेमी भी इसी खत नुमा आइटम के जरिए उसे ठिकाने लगाने की कोशिश करते थे। वो आशिक के नाम से गंदी-गालियों का खत प्रेमिका के घर पर टपका आते। हालांकि, लड़की के घरवाले यह समझ जाते थे कि भद्दा खत उस लड़के ने नहीं लिखा, जिसके नाम से भेजा गया है, लेकिन घरवालों की प्रतिबंधित सूची में आशिक का नाम आना तय हो जाता था। लड़कियां प्रेमपत्र नहीं लिखती थीं, इस बात के इतिहास में सबूत नहीं हैं। अलबत्ता ज्यादातर अपने नाम से नहीं लिखती थीं और बहुत विश्वासपात्र सहेलियां ही उनके खतों की 'पोस्टमैन' होती थीं।

लेकिन, एसएमएस का तूफान कमबख्त मुहब्बत की इस पाती परंपरा को उजाड़ गया। फ्रेंडशिप डे, वेलेंटाइन डे, फादर्स डे, मदर्स डे, किस डे सबके लिए एसएमएस हैं। अनपढ़ से अनपढ़ टपोरी आशिक के पास भी मोबाइल नामक ये यंत्र है, जिससे भेजे एसएमएस से समझ नहीं आता कि किस कैटेगरी का आशिक है। भौंदू-नादान-चिरकुट-रक्तप्रिय ...किस टाइप का। सर्वे बता रहे हैं कि दफ्तरों में रोमांस अब मोबाइल के बिना दम तोड़ देंगे। एक जनाब तो सीधे-सीधे सलाह दे गए। बोले, मुहब्बत कर एसएमएस में डाल। जवाब मिले तो मुहब्बत की सजी सेज। नहीं मिला जवाब तो कहीं और एसएमएस भेज।

इस एसएमएसी मुहब्बत के युग में बंदे की सलाह धांसू थी। लेकिन हमारे जैसे कुछ आशिक अपनी महबूबा के हाथ से लिखे खत का आज भी इंतजार करते हैं। फ्रेंडशिप डे पर भी वेलेंटाइन डे नुमा मैसेज की बेचैनी में खत की राह तकते हैं। लेकिन, कमबख्त वक्त बदल गया है...।

तेरी गरीबी, मेरी गरीबी

'यू नो, फंड का क्राइसिस है। मुंबई और दिल्ली के फ्लैट की किस्त देने में पसीने छूट रहे हैं। बेटे ने जन्मदिन पर कार की डिमांड की थी। महीना बीत गया लेकिन डिमांड पूरी नहीं कर पा रहा। बीवी अलग नाराज है। बैंकॉक की ट्रिप पर गए छह महीने बीत गए। लंदन का वादा था...लेकिन उफ...। यार, बहुत गरीबी है।' पड़ोसी चोपड़ा साहब इन्हीं भावुक शब्दों के साथ कल हमारी संवेदनाओं के तार छेड़ गए।

हे भगवान! दिन दिखाओ-रात दिखाओ पर चोपड़ा साहब को गुरबत के ऐसे दिन मत दिखाओ। परपीड़ा कोय न जाने! मैं उनकी पीड़ा कहां समझ सकता हूं? हां, टीम इंडिया की तरह उनके मुख के तेज का बुझता दीया बता रहा है कि हालात नियंत्रण से बाहर हो रहे हैं। वह जरूर सरकार की तरह कभी नरम-कभी गरम मुद्रा में आने की कोशिश करते हैं, लेकिन हालात हैं कि अन्ना एंड टीम को आदर्श माने हैं।

कभी-कभी लगता है कि हालात कुछ और नहीं फुटबॉल है। कभी किसी का साथ नहीं देता। फुटबॉल को खिलाड़ी साथ लेकर चलने की

कितनी भी कोशिश करे, उसे छिटकना है। चोपड़ा साहब की गरीबी पर अपन पूरी फैमिली और 11 रुपए प्रसाद के साथ मंदिर में मत्था टेकते, अगर हालात हमारे साथ होते। इधर, अपनी गरीबी भी चिंतायमान अवस्था में है। गाड़ी को हफ्ते में सात के बजाय चार दिन बाहर निकालना पड़ रहा है। रेस्तरां तो महीने का आयोजन हो गया है। न्यूयॉर्क-लंदन तो बहुत दूर बेंगलोर-चेन्नई का प्रोग्राम भी पेंडिंग की मुद्रा से कई बार गुजरने के बाद आखिरकार 'द एंड' की परममुद्रा में समाहित हो लिया है। इधर, कामवाली झटके में 400 रुपए बढ़ाने की मांग को लेकर हड़ताल पर जाने की धमकी दे चुकी है। घर की संसद में सिर्फ हम मियां-बीवी हैं, लिहाजा कामवाली की वेतन वृद्धि का प्रस्ताव चाहकर भी शीतकालीन सत्र तक के लिए अटका नहीं सकते।

कामवाली की अपनी गरीबी है। गांव में मकान लिया है, तो उसके लिए पच्चीस हजार रुपए का बंदोबस्त करना है। उसका छोरा अड़ा है बाइक के लिए तो उसकी जुगाड़ करनी है। बेटी का ब्याह करना है, तो उसमें भी पचास-पचहत्तर हजार से कम क्या खर्च होंगे?

गरीबी से सभी को शिकायत है। एक नेताजी ने संपत्ति की घोषणा में 1200000000000 की रकम खाते में दिखायी। लेकिन, वह भी गरीब हैं। कहते हैं, खाते की मुद्रा का तेजी से अवमूल्यन हो रहा है। गरीबी उत्तरोत्तर आ रही है। एक मित्र तो शिकायत में कुछ अजीबोगरीब तर्क दे गए। बोले–'बर्गर सभी के लिए बर्गर होता है। वैसा ही मोटा-ताजा स्वाद से भरपूर। अनार का रस सभी के लिए अनार का रस होता है। स्वादिष्ट। कई आइटम और हैं। लेकिन, दुष्ट गरीबी सबकी अलग अलग है। वह किसी एक खांचे में फिट नहीं होती।'

उनका तर्क कितना भी पिटा हुआ हो, टीम इंडिया सा पिटा नहीं था। तो सुनना पड़ा।

सुना तो प्राइम टाइम के बाबाओं के प्रवचन का सच लगा। लेकिन, अगले पल अपनी गरीबी को एक सरकारी आंकड़े ने आइना दिखा दिया। योजना आयोग दिन में 32 रुपए से ज्यादा कमाने वाले को गरीब नहीं मानता। समझ नहीं पा रहा कि खुश होऊं या दुखी। आखिर मैं गरीब नहीं हूं...!

दुकान आइडिए की!

धांसू आइडिया किसी की बपौती नहीं। कहीं से कभी भी दिमाग की घंटी बजा सकता है। टहलते हुए या बैठे-बैठे एंवई। भूखे पेट अंतड़ियों को चटकाते हुए दिमाग की नसों में फड़क सकता है तो ठसाठस भरा पेट भी धांसू आइडिया रोकने में कोई दिलचस्पी नहीं दिखाता। आइडिया मुद्दे पर या बेमतलब किसी बात को मुद्दा बनाने के लिए आ सकता है। अचानक।

तो अचानक ही धांसू आइडिया शायद साहबजी को भी आ गया। आमरण अनशन पर बैठने का। कर्नाटक के साहबजी का आमरण अनशन इस बात पर है कि सीबीआई पता करे 1500 करोड़ की प्रॉपर्टी खुद उनके पास कैसे आई? चंद दिनों पहले मध्य प्रदेश में एक नेताजी को इच्छामृत्यु मांगने का आइडिया आया था। 500 फीसदी मारू। पब्लिसिटी के लिए फुलटू संभावनाओं वाला। नेताजी ने महंगाई को मौत का पर्याय बताते हुए राष्ट्रपति को ख़त लिखा और लगे हाथ डायन महंगाई से छुटकारे के लिए इच्छामृत्यु मांग ली।

अब डायन महंगाई आज तो रथ पर सवार होकर भारत नहीं

पहुंची है? जमाना हो गया। महंगाई से भी इस देश की भोली जनता को इश्क हो गया है। जाना न महबूबा हमें तू छोड़ के टाइप। पर नेताजी को अब अचानक महंगाई दिखी। दिखी तो फौरन धर दबोचा। महंगाई ने भी निराश नहीं किया। आइडिया थमा दिया बिलकुल मुफ्त।

वर्ल्ड कप के दौरान एक मोहतरमा भी धांसू आइडिया लाई थीं। बोलीं, टीम इंडिया जीती तो कपड़े उतार दूंगी। हम आप जैसों को छोड़ दें तो छिछोरे टाइप के करोड़ों लोग दिन रात जीत की दुआ मांगते रहे। कमाल देखिए, टीम इंडिया जीत भी गई। हां, लफंगों की मुराद पूरी नहीं हुई। मुआ बीसीसीआई ने इजाजत नहीं दी। यानी कपड़े उतारने का प्रोग्राम भी इजाजत से। क्या आइडिया है।

आइडिया मारू हो तो अख़बारों में फोटू और न्यूज चैनलों पर बाइट चलने में दो मिनट नहीं लगते। नेताजी जानते हैं। इच्छामृत्यु मांगने वाले नेताजी को पता है कि राष्ट्रपति के पास पहले ही इच्छामृत्यु की कई याचिकाएं पेंडिंग हैं। उनकी याचिका खारिज करने में जितना समय लग लेगा, उतने में तो दिमाग दूसरे कई धांसू आइडियों के साथ पब्लिसिटी के नए खोमचे गाढ़ लेगा। यह अलग बात है कि विपक्षी पार्टी के कई नेता मन ही मन सोच रहे होंगे कि काश ये इच्छामृत्यु वाली याचिका भारत के बजाय स्वीटजरलैंड में लगाई होती तो देख लेते हम भी कितना जोर बाजुओं में है। आमरण अनशन पर बैठे साहबजी को भी मालूम है कि जूस तो चंद दिनों बाद पीना ही है। फिलहाल, बाइट पर फोकस किया जाए।

इस बीच एक धांसू आइडिया अपनी भी खोपड़ी में हलचल मचा रहा है। आइडिया धांसू आइडिए की दुकान का। आखिर कई नेताओं को ऐसे मारू आइडियों की जरूरत होगी। पूनम सरीखी भी कई हैं। मुफ्तख़ोरी के जमाने में एक आइडिया लेने पर दूसरा फ्री का नारा दिया जा सकता है। इस महंगाई में अपना धंधा चल निकला तो बस...। वाह! नेताजी ने क्या आइडिया दिया है।

प्रॉमिस न कीजे!

'प्रॉमिस' नाम की गोली बाजार में नहीं मिलती। लेकिन, इसका असर घातक होता है। रामायण काल में राजा दशरथ ने कैकेयी के आगे बिन पानी यह गोली डकारी थी। न निगलते बनी, न उगलते, सो सीधे स्वर्ग साधे। तो क्या अपना भी वक्त आ गया है? भइया, बात ऐसी है कि अपन बेटे से उसके हैप्पी बर्थडे पर 'प्रॉमिस' कर बैठे कि अभी तुम्हारी जेब गर्म है तो तुम कभी भी अपना गिफ्ट मांग लेना। छोरा होशियार है। अपनी मां पर गया है न! बोला-प्रॉमिस? हम भी बोले-प्रॉमिस। मर्द की जुबान है बेटा!

लेकिन, प्रॉमिस नाम की खट्टी गोली ऐसे गले में अटकेगी, नहीं पता था। एक दिन अचानक शाम को बेटा बोला-पापा, आपको प्रॉमिस याद है न! मैंने अपने प्यार में एक्स्ट्रा शुगर घोलकर कहा, हां मेरे लाल, पीले, नीले। बोल क्या चाहिए। साइकिल या स्पेशल गन। वो बोला, ये अपने पास रखिए और चलिए फटाफट फन।

मैंने कहा, ओह तो तुम्हें फिल्म देखनी है। कौन सी देखोगे? वो बेखटक बोला, एलसीडी। मैंने कहा, बेटा तुम पढ़ाई में अभी कच्चे हो।

एलसीडी टीवी होता है, फिल्म नहीं। वो बोला, पापा, आप शायद अखबार ठीक से नहीं पढ़ते। फिल्म का नाम एलसीडी ही है। हां, कहीं-कहीं लव सेक्स और धोखा भी लिखा गया है।

अपना दिमाग चकराया। सिर भन्नाया। बेटा, वो बकवास फिल्म देखनी है तुम्हें। न कोई कहानी है, न कोई ढंग का एक्टर? अब बेटे ने अपने फिल्मी ज्ञान का धुआंधार प्रदर्शन किया। बोला, पापा, एकता कपूर ने बनायी है फिल्म। दिबाकर डायरेक्टर है। नेहा, राजकुमार और अंशुमन जैसे नए एक्टर हैं उसमें। और कहानी तो बिलकुल फन्ने खां है। अखबार में लिखा था–एक फिल्म में तीन कहानियां हैं, और सब डिफरेंट हैं।

"क्या खाक डिफरेंट हैं?"

"आपने देखी है क्या? एक कहानी कास्टिंग काउच से जुड़ी है। एक एमएमएस कांड हुआ था कोई, उसकी है।"

"बेटा, सब्जेक्ट बकवास है। और सच कहूं तो कुछ सीन भी अच्छे नहीं हैं"

"किस सीन की बात कर रहे हैं आप? किस सीन की या स्टिंग ऑपरेशन वाला या जमीन पर हीरो-हीरोइन मेज के नीचे लेटे हैं-वो वाला। वो कुछ साफ नहीं दिखाया गया।"

"फिल्म के बारे में इतनी इनफोरमेशन कहां से हथियाई?"

"अरे, कई अखबारों में छपी है पूरी कहानी। तमाम चैनलों पर धुआंधार चल रहे हैं प्रोमो पापा। सब पता है, बस देखना बाकी है।"

बच्चे के ज्ञान प्रदर्शन के बाद हमें खुद पर शर्म आयी। सोचा, अब देखने की क्या जरूरत? सब कुछ तो मालूम है। सब जता भी दिया। फिर अचानक बुदबुदाए, वाह मीडिया, दुहाई हो दुहाई। तूने हमारे बच्चों को उम्र से पहले जवान बना दिया।

बालक को कुछ जवाब देते, वो फिर बोला, पापा, प्रॉमिस।

महबूबा प्रलय

चैनल वालों ने बहुत कोशिश की। जान लड़ा दी। क्या-क्या नहीं दिखाया। क्या-क्या नहीं बताया। ज्योतिषियों को बैठाया, पंडितों को बुलाया। हवन दिखाया, दीया जलाया। पर कुछ नहीं हुआ। प्रलय नहीं आई। करमजली प्रलय को इतने सालों बाद आने का मौका मिला था, लेकिन नहीं आई। न धरती हिली, न आसमान डोला।

वैसे, महाप्रयोग अभी भी चल रहा है, सो चैनल वाले अभी भी इस पर आंखें गड़ाए बैठे हैं। भगवान के घर देर है अंधेर नहीं। हो सकता है कि प्रलय आने में देर हो रही हो। अब, आप मूर्खों जैसा सवाल न करें कि प्रलय में तो सब कुछ नष्ट हो जाएगा, पर चैनल वाले क्यों प्रलय का इंतजार कर रहे हैं? जनाब, हिन्दुस्तानी न्यूज चैनल के लोग बहुत अक्लमंद हैं। वो जानते हैं कि हजारों किलोमीटर दूर प्रलय आएगी तो यहां थोड़े पहुंचेगी? एक-दो झटके लग जाएं, यही काफी है। इसी में खेल हो जाएगा।

प्रलय को बुलाने में न्यूज चैनल वालों ने बहुत कोशिश की। उन्होंने दर्शकों को पूरा भरोसा दिलाया कि हर हाल में प्रलय आएगी।

अरे भइया, वैज्ञानिकों की औकात ही क्या है कि वो महाप्रयोग करें! और अल्ल-बल्ल पुर्जों वाली भारी-भरकम मशीन लेकर ब्रह्मांड में उंगली करेंगे तो क्या बच जाएंगे? चैनलों का असर ऐसा कि कई अक्लमंद दर्शक प्रलय आने से पहले ही भगवान को प्यारा होने की सोचने लगे।

आप कतई मत सोचिए कि चैनल प्रलय नहीं ला सकते हैं। भाई, वो साईं की तस्वीर को बोलता दिखा सकते हैं, एलियन को घर दावत पर बुला सकते हैं, भूत को कैमरे में चलते हुए दिखा सकते हैं और रावण को ममी में जीवित दिखा सकते हैं, तो प्रलय भी ला सकते हैं। वैसे भी, प्रलय-प्रलय खेलने का उनका अपना अनुभव है। चैनल वाले प्रलय की तीव्रता जानते हैं। चैनलों में हर दूसरे-चौथे हफ्ते प्रलय आती है।

दरअसल, जब टीआरपी नहीं आती, तब वहां प्रलय आती है। टीआरपी आती है, तो प्रलय कहीं भी आए, चैनल के दफ्तर में नहीं आती। इस बार भी मंदी के मौसम में प्रलय ही तो थी, जो आती तो टीआरपी लाती। इसी बहाने भूत-प्रेत, साईं और एलियन से बोर हो चुके दर्शकों को नया एक्सपीरियंस भी हो जाता। लेकिन कमबख्त साइंटिस्ट और उनका फालतू बिग बैंग का प्रयोग। ढेले भर की प्रलय तो आई नहीं, जरूरत से ज्यादा खबर दिखायी तो इनफोरमेशन ब्रॉडकास्टिंग मिनिस्ट्री से नोटिस जरूर आ गई।

जूता

नोट–यह निबंध बी.ए. प्रथम वर्ष के छात्र की कॉपी से लिया गया है।

जूता। भारत की सड़कों पर चलने को आसान बनाने वाला यह औजार, उपकरण या हथियार (चुन लें) हाल में 'इश्किया' फिल्म से चर्चा में आया। इस फिल्म में गुलजार साहब ने जूते के अप्रतीम सौंदर्य का वर्णन इब्ने बतूता नामक एक नामालूम से शख्स के जरिए किया है।

वैसे, हाल में जूता फिल्मों के अलावा पार्टी दफ्तरों से लेकर रैलियों तक में चला तो सुर्खियां बटोर गया।

जूता खाना बहुत आसान है। इसमें आपको कुछ नहीं करना पड़ता। चार-छह जूते पड़ने के दौरान 'मैया-मैया' या 'अल्लाह-अल्लाह' कहना है, बस। इसके बाद आपकी आंखें बंद हो जाती हैं और शरीर में एक रहस्यमय किस्म की सुस्ती पसर जाती है। कुछ लोग इसे शरीर सुन्न होना भी कहते हैं। फिर, ठोंकने वाला ठोंकता रहता है और आप पैरों को पेंट की तरफ मोड़कर इस तरह गुड़ी-मुडी हो जाते हैं मानो

आपके सोने की यही सबसे प्रिय अवस्था है।

लेकिन जूता चलाना दिलेरी का काम है। कितना भी घी पीया हो, लेकिन जूते को गेंद मानकर सामने बैठे शख्स को विकेट की तरह चटका देना आसान नहीं। हिम्मत चाहिए। गुर्दा चाहिए। जिगर चाहिए। दिल चाहिए। और शरीर के हर उस अंग में अच्छा-खासा मांस चाहिए, जहां पकड़ने के बाद पुलिस के डंडे रुई उधेड़ने की प्रैक्टिस करते हैं। सही मायने में यह एक कला है। बंदे को इस काम में निष्णात होना चाहिए। क्या आपने कभी सोचा है कि हाल के दिनों में जूता चलाने की कई वाकये हुए लेकिन एक बार भी जूता लक्ष्य को नहीं भेद सका। मतलब जूता लक्ष्य बंदे की खोपड़ी नहीं फोड़ सका। इराक में बुश पर जूता चला, लंदन में मुशर्रफ पर और तुर्की में आइएमएफ प्रमुख पर जूता चलाया गया। पाकिस्तान में जरदारी पर भी जूता चलाया गया। भारत में भी कइयों पर निशाना साधा गया, लेकिन कभी नहीं लगा। मजेदार बात यह कि बुश पर जूता चलाने वाले पत्रकार मुतजर अल जैदी पर भी एक बार जूता चला। लेकिन, कभी कोई जूता लक्ष्य नहीं भेद पाया। क्यों?

तो जनाब बात ऐसी है कि प्रॉपर ट्रेनिंग का अभाव रहा। कभी जूता बगल में जा गिरा तो कभी लक्ष्य बंदे की खोपड़ी के ऊपर से सांय सा निकल गया। लेकिन, अगर जूता चलाने वाले ने बाकायदा इस काम का प्रशिक्षण लिया होता तो ऐतिहासिक पलों में इस तरह की गलती न होती।

निश्चित रूप से जूता फेंकने के बाद मिलती लोकप्रियता के बीच रोजगार की संभावनाओं को खारिज नहीं किया जा सकता। इस फील्ड में बाकायदा ट्रेनिंग की दरकार है। जूता किस एंगल से, किस रफ्तार और किस कंपनी का चलाया जाए कि सीधे लक्ष्य से धड़ाम जा टकराए। जूता चलाने के बाद बंदे को किस अवस्था का वरण करना है, यह भी कोर्स की यूएसपी होगी। यकीं जानिए रिबॉक, बाटा, एक्शन और नाइक जैसी कंपनियां फौरन इस कोर्स को स्पांसर कर सकती हैं। इस कोर्स को करने के बाद रोजगार की अपार संभावनाएं हैं। पार्टी मुख्यालयों में इस कोर्स को कर चुके बंदे इसलिए हायर किए जा सकते हैं कि वो सिर्फ प्रेस कॉन्फ्रेंस में खड़े होकर संभावित जूता चालकों पर नजर रखें।

इस कोर्स का सिलेबस तैयार करने के लिए मार्केट में कई दिग्गज मौजूद हैं। जरूरत सिर्फ इस बात की है कि अब इस कोर्स को फौरन शुरू किया जाए। चूंकि इतना बेहतरीन आइडिया इस खाकसार के दिमाग की उपज है, लिहाजा कोर्स कोई भी चलाए रॉयल्टी में सीलबंद जूते भिजवाता रहे।

गुरुजी का टोटा

हिन्दी, अंग्रेजी, गणित, रसायन विज्ञान, भौतिक विज्ञान, अर्थशास्त्र, राजनीति शास्त्र और न जाने कौन कौन से विज्ञान और शास्त्रों के टीचरों का टोटा छात्रों को कभी नहीं रहा। गली के एक छोर से दूसरे छोर तक हर बेरोजगार ऐसे ही किसी सब्जेक्ट की पट्टी टांगकर स्टूडेंट को लतियाता रहा है—साले कब पढ़ना सीखोगे। तुम्हारे दिमाग में भूसा भरा है। वगैरह वगैरह।

सिर्फ इन्हीं सब्जेक्ट्स की नहीं, अब गाने वाले-बजाने वाले और क्रिकेट जैसे खेल सिखाने वाले टीचरों की भी खूब भरमार हो ली है। टेलीविजन पर चमकते रिएलिटी शो में अपने बच्चे को चमकाने का सुनहरा ख्वाब पाले हर चौथे मां-बाप को इन्हीं टीचरों का आसरा है। ये सोचते हुए "गुरुजी, पहुंचा दो छोरे को रिएलिटी टीवी में! उसकी बने न बने अपनी लाइफ बन जाएगी। एक बार नेशनल टीवी पर आंखों में आंसू लेकर बच्चे की क्वालिटी बताऊंगी तो क्या पता जनता छोरे को वोट देकर जिता ही दे या कोई डायरेक्टर अश्रूपूरित नेत्रों में बहकर मां-बहन या सास का कोई रोल ऑफर कर दे।"

लेकिन, लाखों छात्र दुखी हैं। इसलिए क्योंकि वो जिंदगी में कुछ करना चाहते हैं। और जिन सब्जेक्ट्स को पढ़कर भविष्य उज्ज्वल बनाया जा सकता है, उनका न कोई कोर्स, न कोई टीचर है। कॉलेज में जिस लड़के से लड़की न पटे और जिस लड़की की चाल देखकर दो चार लौंडों का एक्सीडेंट न हो जाए तो क्या फायदा कॉलेज जाने का। सरकारी गेम्स का आयोजन हो और सरकारी पैसे से अपने घर में कम से कम एक स्विफ्ट न खड़ी हो जाए तो क्या फायदा ऐसे गेम्स का। कहने का आशय यह कि लड़की पटाने से लेकर हिरनी सी चाल सिखाने और किसी भी आयोजन का पैसा बिना डकार गटक जाने का हुनर कहां सिखाया जाता है?

सच तो यह है कि चुनाव (कोई भी) हारते ही पाला बदलने, हीरो सरीखे युवा नेताओं की टीम में शामिल होने, नकली खोया बनाने, बारात में नाचने, नाचते-नाचते ही विरोधियों को दुलत्तीनुमा प्रहार से चित करने, रैली में शोर मचाने, भीड़ एकठ्ठा करने, बॉस की बीवी पटाने, प्रोफेसर की घर की भाजी लाने के दौरान ही एक नए विषय पर पीएचडी करने, उधार मांगने, उधार लेकर घर में रहते हुए भी लापता हो जाने, प्रेमिका को अश्लील खत लिखने के लिए कोड भाषा विकसित करने, इम्तिहान के वक्त छह फीट की दूरी से दूसरे की कॉपी से ताड़ने और बिना ग्लिसरीन के रोने जैसे सैकड़ों हुनर सीखने के लिए योग्य युवाओं को सिर्फ और सिर्फ अनुभव का सहारा है।

है कोई इंस्टीट्यूट वाला, जो मेरी गुजारिश पर ध्यान दे? यकीं जानिए नए धांसू करियर ओरिएन्टेड विषयों के टीचरों का बहुत टोटा है, इसलिए छात्र भी नहीं मनाते टीचर्स डे।

आल इज नॉट वेल!

'थ्री इडियट्स' का गाना 'आल इज वेल' भले गली-नुक्कड़ के पनवारी से लेकर डांस क्लब तक में खूब बज रहा हो, लेकिन हमारे पड़ोसी गुप्ता जी गाना सुनकर भड़कने लगे हैं। वैसे, गुप्ता जी अभी तक 'राज पिछला जनम का' में शामिल होने के लिए अर्जी ही लगाए हुए हैं, लिहाजा इस बात का कोई सबूत नहीं है कि उन्हें पिछले जन्म में अपने बकरे या मुर्गा होने का कोई भान हो, जिनकी इस गाने में ऐसी तैसी की गई है। लेकिन वो गाना सुनकर उखड़ रहे हैं, तो कोई वजह होगी ही। इसी राज को फाश करने हम उनकी पत्नी के पास जा पहुंचे। श्रीमती गुप्ता ने सीधे सीधे तो जवाब नहीं दिया लेकिन दो दिन पहले गुप्ता जी और उनके बेटे के बीच हुए संवाद को जरूर जस का तस सुना दिया।

हुआ यूं कि गुप्ता जी ने सपरिवार थ्री इडियट्स का नाइट शो देखा था। अगले दिन सुबह बेटा अलसाया सा उठा तो बोला, पापा मैं बड़े होकर पॉपकॉर्न बेचना चाहता हूं। गुप्ता जी मुस्कुराए और बोले, पप्पू अभी तुम छोटे हो और बेचने के लिए तो कई चीजें पड़ी हैं। बेटा बोला, आपने देखा नहीं, कैसी भीड़ थी थिएटर में पॉपकॉर्न वाले के

काउंटर पर। मैं तो अब वही बेचूंगा। आमिर अंकल ने कहा भी था– करो वही, जिसमें मन लगे।

गुप्ता जी तमतमाए। बोले, इसमें कोई फ्यूचर नहीं है। तो बेटा बोला, मुर्गा क्या जाने उसका फ्यूचर क्या होगा। सींक घुसेगी या साला कीमा होगा। कोई न जाने उसका फ्यूचर क्या होगा पापा।

गुप्ता जी का पारा रॉकेट की स्पीड में सातवें आसमान पर जाने को तैयार था। वो बोले, तुम्हारा दिमाग खराब हो गया क्या। तुम्हारी पढ़ाई पर पता है कितना पैसा खर्च हो रहा है? लेकिन, बेटे ने तो मानो थ्री इडियट्स के डायलॉग में जिंदगी की कुंजी पढ़ ली थी। बोला, पापा पढ़ने के लिए पैसे नहीं, बस यूनिफॉर्म चाहिए होती है। आमिर अंकल ने क्या धांसू फॉर्मूला बताया था।

गुप्ता जी अब हत्थे से उखड़ गए। बेटे के बजाय श्रीमतीजी पर चिल्लाए–देखो, लौंडा अपने बाप के सामने एटिट्यूड दिखा रहा है। इसका जेब खर्च बंद करो। लेकिन, जवाब श्रीमती जी के बजाय बेटे ने ही दिया। अपनी कुंजी से। बोला, बड़ी मुश्किल से आया है ये एटिट्यूड पापा। आप अपना जेबखर्च अपने पास रखिए और मैं अपना एटिट्यूड।

गुप्ता जी का धैर्य जवाब दे गया। आव-ताव देखे बगैर सीधे बेटे को एक झापड़ रसीद कर दिया। बोले, अब उतरा भूत पॉपकॉर्न बेचने का? लेकिन, बेटा न रोया न पछताया। दिल पर हाथ रखा और बुदबुदाया, आल इज वेल पप्पू। आल इज वेल। फिर, एक मिनट बाद 'होंठ घुमा सीटी बजा' गाते हुए बाहर निकल गया।

गुप्ता जी समझ गए कि रिवोल्यूशनरी फिल्म ने घर में ही क्रांति कर दी है। भगत सिंह पड़ोसी के नहीं अपने घर में ही पैदा हो गया है।

स्टेच्यू बनाम अर्थव्यवस्था

हिलेरी क्लिंटन एक दिन राय-राय खेल रही थीं। तो राय देते हुए बोली, पड़ोसी मुल्क बदला नहीं जा सकता। अरे, ये बात हमें मालूम ही नहीं थी। कई लोगों को लगता था कि पड़ोसी मुल्क भी बदला जा सकता है। अब पड़ोसी बदला नहीं जा सकता तो उसकी खराब हालत सुधारने की जिम्मेदारी किसकी है? पड़ोसियों की न! पीडब्लूडी का ठेका अपन को भले कभी न मिला हो पर इसकी कोशिश करने की एक्सपर्टीज है। इसी विशेषज्ञता के चलते खाकसार ने जिम्मेदारी का यह ठेका उठा लिया है। बंदे को लगता था कि पाकिस्तान की अर्थव्यवस्था की विकास दर पाताल में घुसी होगी लेकिन अभी-अभी पता चला कि यह दो फीसदी के आसपास है। उम्मीद पर दुनिया कायम है और यहां तो दो फीसदी उम्मीद का हिमालय खड़ा है।

पाकिस्तान की अर्थव्यवस्था सुधारने के लिए खाससार के पास धांसू सुझावों की लिस्ट हैं। अपने आइडिया माने गए तो अर्थव्यवस्था का संकट कुछ इसी अंदाज में खत्म हो लेगा जैसे ओसामा बिन लादेन। कान के नीचे से अमेरिका ने बजा दिया ओसामा का बाजा और

पाकिस्तानी हुक्मरानों को पता नहीं चला। उसी तरह अर्थव्यवस्था की डूबती नैया अपने आइडिया के लाइफ जैकेट के सहारे कब तर जाएगी, उन्हें नहीं पता लगेगा।

तो आइडिया यह कि एबटाबाद में स्टेच्यू ऑफ लिबर्टी की तर्ज पर स्टेच्यू ऑफ ओसामा लगाया जाए। उसी जगह जहां ओसामा साहब दुनिया को झटके में नमस्ते कह गए। इस स्टेच्यू के हाथ में मशाल की जगह एके-47 हो। इस अद्भुत कलाकृति के दो चेहरे बनाए जाएं। एक पाकिस्तान की अवाम के लिए और दूसरी कथित इंटरनेशनल कम्यूनिटी के लिए। पूरे इलाके को एक्सप्रेशन फ्री जोन का दर्जा दिया जाए। पड़ोसी मुल्क में जिस तरह आईपीएल नहीं है, उसी तरह एक्सप्रेशन फ्री जोन नहीं है। पाकिस्तान की भोली-भाली अवाम अकसर भावना के समुन्दर में बहकर इस जोन की मांग करती रहती है। अब पूरे मुल्क में इस तरह के फ्री जोन बनाना कोई अक्लमंदी नहीं है, अलबत्ता ओसामा के स्टेच्यू वाले इलाके में इस जोन को बनाकर एक क्रांतिकारी संदेश दिया जा सकता है।

इस इलाके में स्टेच्यू को देखकर लोगों के मन में जो भाव आए, उसे व्यक्त करने की छूट होगी। तो साहब, इससे होगा यह कि ओसामा साहब के स्टेच्यू के एक तरफ रोजाना करोड़ों का चंदा चढ़ेगा। ओसामा के कबायली भक्त एके-47, बम, तोप वगैरह भी श्रद्धा में अर्पण कर सकते हैं। अरब देशों से आए हजारों मीट्रिक टन तेल से ओसामा के स्टेच्यू को रोज नहलाया जाएगा। हिन्दुस्तानी फैन कश्मीर के सेब भेज सकते हैं। यानी एक झटके में पड़ोसी मुल्क सेब, तेल, असलहा का निर्यातक बन जाएगा। अरबों-खरबों का चंदा तो खैर कैश में आएगा ही। इंटरनेशनल कम्यूनिटी के लिए भी ओसामा की मूर्ति आकर्षण का केंद्र होगी। इससे टूरिज्म को बढ़ावा मिलेगा। स्टेच्यू ऑफ लिबर्टी से ज्यादा ऊंचा स्टेच्यू लगाने की इच्छा वाला ओसामा साहब का एक फर्जी वीडियो अगर जारी किया जा सके तो फिर कहना ही क्या। यकीं जानिए स्टेच्यू ऑफ ओसामा ताजमहल से भी ज्यादा टूरिस्ट खींचेगा।

स्टेच्यू पर इंटरनेशनल कम्यूनिटी की तरफ से चप्पल-जूतों की बौछार की आशंका से इंकार नहीं किया जा सकता। गुस्से वाले अमेरिकी-ब्रिटिश-फ्रांसिसी लोग डॉलर-पाउंड और यूरो वाली कीमती चीजों से भी ओसामा को ठोंकने का अपना अरमान पूरा करेंगे। इस तरह

से पाकिस्तान में चप्पल-जूतों का उद्योग नए सिरे से परवान चढ़ सकता है। ओसामा के स्टेच्यू से इकट्ठा कीमती सामान चीन को निर्यात किया जा सकता है। खाकसार के पास इस आइडिये की पूरी योजना तैयार है। आखिर पड़ोसी मुल्क के बदहाली की चिंता पड़ोसी को नहीं होगी तो किसे होगी! कोई है इस योजना को पाक जम्हूरियत तक पहुंचाने वाला?

'करप्शन' पर अनशन

मामला बड़ा विकट हो गया है। दो महीने से पत्नी रात के खाने में कोटे की चार रोटियां भी नहीं सेंक रही है। दो रोटियां बेलने के बाद 'वर्चुअली' पड़ोस के वर्मा के घर में दाखिल हो जाती है। उनके घर आई नयी गाड़ी से लेकर वर्माइन के कलाइयों में पड़े नए कंगनों तक का दर्शन कराती है। उनके अनदेखे बैंक बैलेंस में रोज एक शून्य जोड़ मुझसे बड़े मारक किस्म का एक कैलकुलेशन कराती है। 2345680000000000000000000033030303...कल शाम डिनर के दौरान वर्मा जी का बैंक बैलेंस यहां तक पहुंच गया था। इस गणना के बाद श्रीमती सीधे पानी की बोतल मेज पर पटकते हुए कहती है–"तुम नहीं हो सकते करप्ट। तुम्हारे बीवी बच्चे नहीं हैं?"

पड़ोसी वर्मा जी चापलूसी का तेल और हरी पत्तियों की पंखुड़ियां मार मोटे कांट्रैक्ट जुगाड़ने वाले ठेकेदार के चेले हैं। उन्हें हाल में एक खेल आयोजन में झाड़ू सप्लाई का ठेका मिला है। वो शिद्दत से झाड़ू मार रहे हैं। स्टेडियम की सफाई में रोजाना दस हजार झाड़ू फेर देते हैं। एक टेबल टेनिस टेबल को साफ करने में भी उनकी 13 झाड़ू रोज लग जाती हैं।

लेकिन, पत्नी को कौन समझाए कि झाड़ू मारने का कांट्रैक्ट किस्मत वालों को मिलता है! बड़े भाग्यवान हैं वो लोग जिन्हें ऐसे आयोजन के लिए बनायी स्पेशल घुट्टी पीने को मिल रही है। खैर, एक दिन पत्नी को यह बात समझायी तो भड़क गई। बोली—तुमने क्या चूड़ियां पहन रखी हैं? तुम्हारी मर्दानगी क्या सब्जी के दो थैले लटकाकर घर लाने भर की है। झाड़ू नहीं तो पोंछे का कांट्रैक्ट लो?

इस घोर अपमान के बाद सिवाय खुदकुशी के कोई रास्ता तो नहीं बचता। लेकिन, खुदकुशी के लिए जहर खरीदने के पैसे पत्नी देगी नहीं। और रेलगाड़ी के नीचे लेटकर कटने या 30 मंजिला इमारत के ऊपर से कूदकर मरने के ख्याल से ही रोंगटे खड़े हो जाते हैं। तो फिर क्या करूं? कई च्विंगम खाकर दिमाग की बत्ती जलाई तो करप्शन के लिए अनशन का आइडिया आया है। मंत्री जी को पत्र प्रेषित कर रहा हूं—महोदय, करप्शन को लीगल करें। वरना, हमारे जैसे चिरकुट भूख से पहले पत्नी के तानों से मर जाएंगे। हमारी चिरकुटाई की नौकरी में करप्शन की कोई संभावना ही नहीं है। हर कांट्रैक्टर के घर के दाएं-बाएं दस-दस पड़ोसियों को भी सब कांट्रैक्ट का कानूनी अधिकार दिया जाए। भाई लोग, दस हजार करोड़ रुपए बिना डकार गटक गए और हमें कुछ भी नहीं! ये संविधान में निहित समानता के अधिकार का भी उल्लंघन है! मंत्री जी, करप्शन को लीगल नहीं कर सके तो अनशन पर मर जाऊंगा। पत्नी के ताने अब नहीं सहे जाते। धन्यवाद। जय हिंद।

कैटरीना के पक्ष में!

सुंदर लड़की से टेढ़े-मेढ़े सवाल पूछना अच्छी बात नहीं। उस पर खूबसूरत लड़की का नाम कैटरीना कैफ हो तो इस हरकत को ओछा माना जाना चाहिए। भइया, एक तो कैटरीना मुश्किल से हिन्दी बोल पाती है। हिन्दी में फिल्म के डायलॉग याद करते-करते ही बंदी के दिमाग का दही हो जाता है। उस पर टेढ़े-मेढ़े सवाल! पत्रकारों के पास कुछ काम धाम है नहीं। अखबार के पन्ने रंगने हैं। टेलीविजन पर 24 घंटे धकापेल कुछ न कुछ दिखाना है। सांप-बिच्छू-भूत-चुड़ैल कुछ दिनों के लिए छुट्टी पर हैं, तो मल्लिका-कैटरीना को लाओ और टीआरपी ले जाओ।

तो साहब यह भी कोई सवाल हुआ कि आपकी नागरिकता क्या है? अरे कहीं की हो छोरी, तुम्हें क्या? तुम उसके पिज्जा बर्गर का खर्च उठाते हो? एहसान मानो कि बंदी इंटरटेनमेंट का पूरा इंतजाम करती है। सच बोलना शीला की जवानी...आज भी गुनगुनाते हो या नहीं? और क्या गलत कह दिया सिटीजनशिप के मुद्दे पर? बेचारी माफी मांग रही है तो अपना दिल जल रहा है। नेता कोई हो, वो आधा भारतीय

ही होता है। तन से भारतीय, मन से स्विस। वैसे भी, बंदे की नागरिकता बैंक के खाते से तय होनी चाहिए। जिस देश की बैंक में बंदे का खाता हो, वहां का वह नागरिक माना जाए।

अपनी आपत्ति इस बात पर भी है कि लाखों बांग्लादेशी यहां जमे पड़े हैं। बिना पासपोर्ट के। उनसे सवाल ना पूछा जाता। बंदी मासूम और बला की खूबसूरत है तो पहुंच जाते हैं मुए छेड़ने।

अपना तो साफ मानना है कि खूबसूरत अभिनेत्रियों से पूछे जाने वाले सवालों को पहले सेंसर बोर्ड से पास कराया जाए। पत्रकारों को कोई हक नहीं कि बेहूदे सवाल पूछकर उनका दिल दुखाएं। और इस तरह उनके करोड़ों फैन्स का दिल जलाएं। दिलजले प्रशंसकों से पंगा ठीक नहीं! एक निश्चित प्रश्नसूची के तहत सवाल पूछे जाने चाहिए। मसलन, इस फिल्म में आपकी क्या भूमिका है? आपकी हीरो के साथ कैसी कैमिस्ट्री रही? फिल्म में आप बहुत खूबसूरत लगी हैं, इसका राज क्या है? आप कौन से साबुन से नहाती हैं? इतनी बेहतर एक्टिंग कहां से सीखी आपने? आप हर भूमिका में गहरे उतर जाती हैं, इतने समर्पण का राज क्या है? क्या शादी की कोई योजना है? आपकी आने वाली फिल्में कौन कौन सी हैं?

अल्ल बल्ल सवाल पूछकर हीरोइनों को घेर लेना पत्रकारीय सिद्धांतों के भी खिलाफ है। अब, कोई परफ्यूम या साड़ी के रंग से जुड़ा सवाल हो तो कोई बात नहीं। 'नागरिकता' जैसे भारी भरकम शब्द से जुड़ा सवाल तो अपने आप में ही बड़ा भारी है। कइयों के पीछे 'नागरिकता' का भूत आज भी पड़ा है। तो कैटरीना की क्या बिसात!

एक सुझाव कैटरीना और उन जैसी हसीनाओं के लिए भी है। मार मचाते मीडिया वालों से निपटने के लिए एक मीडिया सलाहकार उन्हें नियुक्त करना चाहिए। साथ में मीडिया सलाहकार होगा तो मीडिया वालों के आलतू-फालतू सवालों के जवाब देना आसान होगा। हां, कैटरीना अगर इस सुझाव पर अमल के लिए तैयार हों तो यह खाकसार मुफ्त में सेवाएं देने को तैयार है।

गर्भवती खबर

लीजिए वह 'गर्भवती खबर' आ ही गई, जिसका न्यूज चैनलों को काफी वक्त से इंतजार था। इंतजार का फल मीठा होता है, लेकिन कई बार रखा-रखा सड़ जाता है। न्यूज चैनलों को यही चिंता थी। खैर, साढ़े चार साल का लंबा इंतजार कराने के बाद ख़बर आ गई। आप समझ गए होंगे साहब मैं किस खबर की बात कर रहा हूं। ऐश्वर्या की मां, अभिषेक के पिता, अमिताभ के दादा और जया के दादी बनने की खबर का। वैसे, सनसनीखेज हेडलाइन बनाने की कोशिश में इस कड़ी में श्वेता नंदा के बुआ बनने को भी जोड़ा जा सकता है।

मुद्दा ऐश्वर्या के मां बनने का नहीं है। मुद्दा ऐश्वर्या के न्यूज चैनलों पर मां बनने का है। शादी के अगले रोज से न्यूज चैनल इस 'रहस्यमयी' खबर को ब्रेक करने में लगे हैं। ऐश्वर्या की कमर को कैमरे की आंख से ताड़ते हुए कुछ खोजी पत्रकारों ने लगातार बताया कि बस वह महान घड़ी आ गई है। इस बीच रावण आ गई, रोबोट आ गई लेकिन वह महान घड़ी नहीं आई। इस बार मामला दूसरा रहा। पत्रकार इस महान खबर को ब्रेक करने का अभूतपूर्व सुख लेने से वंचित रह

गए। मुए ट्विटर ने सारा खेल बिगाड़ दिया। कई खोजी पत्रकार ऐश्वर्या की हर गतिविधि पर चार साल से नजर रखे थे। लेकिन, जब खबर ब्रेक करने का वक्त आया तो अमिताभ ने ट्विटर पर खबर ब्रेक कर डाली।

यह कोई बात हुई भला? अपनी फिल्मों के प्रचार के लिए आप दिन-रात टेलीविजन स्टूडियो के चक्कर काटो। पत्रकारों को घर बुलाओ कि भइया हमारी फिल्म के बारे में दर्शकों को बताओ। लेकिन, जब महान खबर ब्रेक करने का मौका आया तो लपककर खुद यह काम कर डालो। अरे, ऐश्वर्या खुद पत्रकारों को एक प्रेस कॉन्फ्रेंस में बतातीं कि आप लोगों का देखा सपना अब मैं पूरा कर रही हूं तो कितना महान दृश्य होता! कितनी खूबसूरत बाइट मिलती! अगले बीस साल तक इस बाइट का इस्तेमाल टेलीविजन चैनल पर किया जाता। जब-जब ऐश-अभिषेक का बेटा या बेटी कोई कारनामा या करतूत करते तो यह महान कालजयी बाइट स्क्रीन पर उभार लेती। लेकिन नहीं! बिग बी से कहां पत्रकारों का सुख देखा गया?

बड़ी खबर ब्रेक हो गई। लेकिन, इस बड़ी खबर के गर्भ से कई छोटी महान खबरों का जन्म होना बाकी है। अभी ऐश्वर्या के हॉस्पीटल जाने, अस्पताल में ऐश्वर्या की सेवा करने वाले लोग, बच्चे के जन्म, उसकी शक्ल का दादा-दादी या परदादा-परदादी से मिलना, बच्चे का नाम, अमिताभ के लड्डू बांटने, बच्चे की छठी और फिर प्रतीक्षा में जश्न जैसी सैकड़ों खबरें आना बाकी हैं। इन खबरों को ब्रेक करना भी कम बड़ा काम नहीं होगा? 'गर्भवती खबरें' इस मामले में अच्छी होती हैं कि मदर खबर को ब्रेक करने से चूक भी जाओ तो कई नन्हीं-मुन्नी खबरें लगातार आती रहती हैं।

मेरी अमिताभ बच्चन को राय है कि इन तमाम संभावित खबरों का कैलेंडर उत्साही पत्रकारों के बीच बंटवा दिया जाए। यह उन खोजी पत्रकारों पर बड़ा अहसान होगा, जो ऐश्वर्या के मां बनने की खबर ब्रेक करने को अरसे से बेचैन थे।

चीयरलीडर का खत

आदरणीय मंत्री जी,

मैं इंडियन प्रीमियर लीग में ठुमके लगाकर अपना पेट भरने वाली एक साधारण चीयरलीडर हूं। आईपीएल सिर पर है। मैं आमिर खान की तरह 'परफेक्शनिस्ट' हूं, इसलिए तैयारियों में जुटी हूं। चौके पर ठुमका किस एंगल से लगना चाहिए और छक्के पर कमर कितनी बार और कितनी लचकनी चाहिए, इसकी प्रैक्टिस कर रही हूं। चौके-छक्के पर एक ही स्टाइल का डांस देख स्पांसर भन्ना जाते हैं, इसलिए वैरायटी पर जोर है। आखिर, पब्लिक हो या स्पांसर सभी को इन दिनों 'एक्स्ट्रा' चाहिए न!

अपने जॉब के बारे में इसलिए बता रही हूं ताकि आप समझ सकें कि दो जून की रोटी हमें भी बड़ी मुश्किल से नसीब होती है। लेकिन, आपने बजट में हमें क्या दिया? लाखों करोड़ों रुपए इधर-उधर बांट दिए, लेकिन आपको एक पल के लिए भी हमारा ख्याल नहीं आया? आपको खेतों में काम करने वाले मजूदरों की याद रही, लेकिन खेलों में काम करने वाली मजदूरनियों को आप कैसे भूल गए?

नरेगा के तहत आप लोग मजदूरों को साल में 100 दिन रोजगार देने के अपने वादे पर कायम हैं, लेकिन हमें तो सिर्फ साल में 40-45 दिन रोजगार मिलता है। उस पर भी पिछले साल तो मंत्री जी की जिद के चलते आईपीएल को दक्षिण अफ्रीका ट्रांसफर कर दिया गया और हमारा टिकट कट गया था। आखिर, साल में आईपीएल सिर्फ एक बार होता है तो हमें रोजगार सिर्फ 40-45 दिन मिल पाता है। बाकी इस देश में दूसरा कोई खेल न ठीक से खेला जाता है, न देखा जाता है, जहां हमें रोजगार मिले।

दाल-चावल से लेकर खूबसूरत दिखने वाली क्रीम तक सब आइटम जिस तरह महंगे हो लिए हैं, उसमें'पटाखा' दिखने की आयोजकों की डिमांड पूरी करना मुश्किल हो गया है। मारू दिखने के लिए रोज चार टाइम चेहरे पर मलाई लगानी पड़ती है, जूस पीना पड़ता है और ब्यूटीपार्लर में रेगुलर अटेंडेंस लगानी पड़ती है। लेकिन, छप्पर फाड़ती दूध-जूस की कीमतों के चलते तो यह आइटम अब वीकली भी नसीब नहीं हो रहे। उस पर ब्यूटीपार्लर वाली सर्विस टैक्स से परेशान है।

बुरा न मानिएगा पर जानती हूं कि महंगाई कम करना आप लोगों की हैसियत से बाहर है। इसलिए कृपया मेरे हाल को सरकार तक पहुंचाइए। कम से कम बजट में संशोधन कर हमें कुछ रकम दिलवा दें। राज की बात बताती हूं, पॉलिटिक्स के खेल के कई खिलाड़ी भी जब आईपीएल देखने आते हैं तो वो मैच नहीं देखते, हमारे लटके झटकों का खेल देखते हैं। मेरी मांग पर ध्यान दीजिएगा। खैर, चलूं अभी अभी डिमांड आई है कि आईपीएल चीयरलीडर्स के लिए 'बैकवर्ड मसाला ठुमका' लगाना प्राइमरी कंडीशन है। कभी सुना है इस ठुमके के बारे में? नहीं न! इस बार देखिएगा...।

धांसू रोजगार पर ध्यान दो!

कमर मटकाती, हाथ हिलाती और हर दूसरे-चौथे शॉट पर खुशी में झूमती खूबसूरत बालिकाओं को टेलीविजन पर आपने भी देखा होगा। क्रिकेट मैच के दौरान ये सुंदरियां स्टेडियम के भीतर दर्शकों में जोश-ओ-खरोश बढ़ाती हैं। विदेशी जमीं पर इन हसीं बालाओं के तन से सिमटते कपड़ों का ट्रेंड अपनी जमी तक भी आ पहुंचा है। खिलाड़ियों और दर्शकों के उत्साह को सातवें आसमान तक ले जाने वाली इन सुंदरियों को चीयरलीडर्स कहा जाता है।

चीयरलीडर्स की अदाएं बेमिसाल हैं और इनके अपने दर्शक हैं। टेलीविजन पर मैच के दौरान पर कुछ दीवाने दर्शक सिर्फ इसलिए चौका-छक्का लगने की दुआ करते हैं कि वो इन चीयरलीडर्स के दर्शन कर सकें। हां, स्टेडियम में बैठे दर्शक इस मायने में खुशकिस्मत होते हैं। उनकी आंखों के सामने हमेशा नृत्य करती रूपसियां स्वर्गलोक में अप्सराओं के नृत्य कार्यक्रम का बोध कराती है।

वैसे, चीयरलीडर्स की महिमागान का मेरा मकसद दूसरा है। मेरा निवेदन सरकार से है, जो चीयरलीडर्स के रूप में एक नए रोजगार की

संभावना को अनदेखा कर रही है। सरकार भारी तादाद में लड़कियों को भर्ती कर चीयरलीडर्स बना सकती है। फिर, कूल्हे मटकाने की ट्रेनिंग देकर कुछ युवा लड़कों को भी चीयरलीडर्स बनने के लिए प्रेरित किया जाना चाहिए। राष्ट्रीय-अंतरराष्ट्रीय, आईपीएल, आईसीएल, रणजी, दिलीप समेत क्रिकेट के तमाम टूर्नामेंटों के अलावा दूसरे खेल के टूर्नामेंटों में भी इन्हें भेजा जाना चाहिए। इससे, अगर उन खेलों को देखने दर्शक न भी पहुंचते हों, तो उनका पहुंचना तय है। देश में हॉकी, फुटबॉल जैसे खेलों को दर्शक देखने पहुंचेंगे तो उनका स्तर भी सुधरेगा।

इसके अलावा, धरना-प्रदर्शन, हड़ताल आदि के वक्त भी चीयरलीडर्स को सप्लाई किया जा सकता है। इससे माहौल में ताजगी का अहसास होगा और धरना-प्रदर्शन या हड़ताल करने वाले बोर महसूस नहीं करेंगे। चीयरलीडर्स के चक्कर में झगड़े-फसाद का खतरा भी कम होगा।

चीयरलीडर्स के रोजगार के विकसित होते आयामों में सामाजिक एंगल खोजे तो मुमकिन है कि इससे अंतरजातीय विवाह की बंदिशें टूटें। चीयरलीडर्स को पढ़ा-लिखा होना भी जरूरी नहीं है। आखिर, कमर मटकाने का एबीसीडी से क्या मतलब? चीयरलीडर्स के फायदे बहुत हैं, पर ये होगा तब जब इस रोजगार को बढ़ावा मिले। हे महामहिम सरकार, आपकी रोजगार गारंटी योजना जितनी सफल हुई है, उससे कहीं ज्यादा यह योजना सफल हो सकती है। अब इस धांसू रोजगार पर ध्यान दो!

प्रदर्शनकारियों के नाम खुला खत

हे प्रदर्शनकारियों!

हफ्ता-दो हफ्ता हो गया, कहीं से कोई बवाल की खबर नहीं आयी। मन खबरा रहा है। कहीं कोई हंगामा नहीं। कहीं से बस फूंकने का समाचार नहीं। कहीं रेल रोके जाने की सूचना नहीं। कहीं फिल्म के पोस्टर फाड़ने का हंगामा नहीं। कहीं आगजनी-तोड़फोड़-धरना-प्रदर्शन नहीं। ये शांति अच्छी नहीं लग रही।

आप लोग इस तरह शांत बैठोगे तो कैसे चलेगा? तुम वो वीर सपूत हो जो एक चुंबन पर चुन-चुन कर बस फूंकते हो। वेलेंटाइन डे पर अपनी असीम ऊर्जा से प्रेमियों की ऐसी-तैसी कर राष्ट्र की संस्कृति को बचाते हो। भले तुम कबीर के 'मसि कागज छुयौ नहीं, कलम गह्यो नहिं हाथ' वाली सूत्र पर यकीं रखते हो, लेकिन फिल्म की स्क्रिप्ट तुम्हारे मुताबिक न हो तो उस फिल्म का एक शो चल तो क्या रेंग नहीं सकता।

भाइयों! इन दिनों क्या हुआ। इतनी शांति क्यों? इतने घोटाले हो गए लेकिन तुम्हारा खून नहीं खौल रहा। टीम इंडिया इंग्लैंड में इत्ती बुरी

तरह पिट कर आ गई, लेकिन नसें तक नहीं भड़कीं। एक जमाना था कि खिलाड़ी जरा मैच में खराब खेले तो तुम उसके घर पहुंचकर बवाल कर देते हो, उसके रिश्तेदारों को धुन देते हो, लेकिन यहां पूरी सीरीज में ऐसी तैसी हो गई और तुम्हें शांति के पुतले बने रहे।

महंगाई-भुखमरी-गरीबी-बेरोजगारी जैसे मुद्दों पर प्रदर्शन तो ओल्ड फैशन्ड हो गया है। हमें मालूम है कि इन मुद्दों पर प्रदर्शन तुम लोगों को अब शोभा नहीं देता। आखिर, स्टेटस भी कोई चीज होती है! नक्सलियों और आतंकवादियों के खिलाफ तुम्हारी शांति समझी जा सकती है। आखिर, उनसे पंगा कौन ले। लेकिन, इतने बड़े देश में क्या मुद्दे नहीं है, जो तुम लोग शांति के पथ पर जमे हो। इतनी भीषण गर्मी है। गर्मी इतनी क्यों है, सिर्फ इसी बात पर हंगामा किया जा सकता है। प्रधानमंत्री से इस्तीफा देने की मांग की जा सकती है।

आप समझ नहीं रहे कि नौजवान प्रदर्शनकारियों का इस तरह खाली बैठना ठीक नहीं है। वो खाली बैठेंगे तो रोजगार मांगेंगे। नौकरी कोई कहां से कोई ला कर देगा? कहीं उपद्रव नहीं होगा तो पुलिस वाले भी तोंद मलने लगेंगे। लोकतंत्र में विपक्ष चाहता है कि इस तरह के प्रदर्शन-तोड़फोड़ वगैरह होते रहें ताकि उन्हें सरकार को घेरने के मौके मिलते रहें। अब सरकार चलाना तो सरकार का काम है। विपक्ष का काम तो किसी न किसी बात पर सरकार को घेरना है। सरकार भी चाहती है कि प्रदर्शनकारी कुछ बवाल काटें ताकि उनकी समस्या का हल किया जाए। यानी सरकार प्रदर्शनकारियों को समझाए बुझाए और शांति स्थापित करे। इससे जनता में भाव जाता है कि सरकार निकम्मी नहीं है। वो कुछ कर रही है।

आपकी इतनी शांति ठीक नहीं है। यह शांति सबको बेचैन कर रही है। इसलिए, हे प्रदर्शनकारियों! प्लीज अपने रंग में आओ, और दिखाओ कि इस मारक गर्मी में जब सब कुछ सूख गया है, तुम्हारा लहू सूखा नहीं है।

वाह! इस ख़त को पोस्ट करने से पहले ही ख़बर आ गई है कि भारत बंद के दौरान प्रदर्शनकारियों ने कई जगह बसें फूंकी-ट्रेनें रोकीं। अब दिल को सुकूं है। सब कुछ ठीक ठाक है।

माही के नाम दर्शक का खत

प्रिय माही भइया,

आपको शादी की बहुत बहुत मुबारकबाद। क्या धांसू सीक्रेट अंदाज में शादी रचाई! आपके पीछे लगे जासूस टाइप के फन्ने खां पत्रकार देखते रह गए। एक दो 'खोजी' पत्रकारों ने आप दोनों की शादी की दो-तीन तस्वीरें जरूर जुगाड़ लीं। वरना हलवाई, फूल बेचने वाला और टैक्सी वाला ही आपकी शादी के ब्रांड एम्बेसेडर थे।

शादी का वर्ल्ड कप आपने जीत लिया। लेकिन अब आपको समझ आ जाएगा कि क्रिकेट खेलने से भी कई मुश्किल काम और हैं। ब्रेट ली का बाउंसर झेलना आसान है, पत्नी की फिरकी सहना मुश्किल। यकीं न हो तो आप एक बार साक्षी भाभी का जन्मदिन भूलकर देख लेना! अगले दिन एक ही बॉल में ऑफ स्विंग, इन स्विंग, बाउंसर सब झेलने पड़ जाएंगे।

खैर, इससे हमें क्या। आप बड़े क्रिकेटर हैं, बाउंसर झेलना जानते हैं। लेकिन, बेचारे पत्रकार! वो कहां जानें बाउंसर झेलना? आपने पहले सगाई का बाउंसर फेंका। फिर, शादी का इन-स्विंगर। माइक-कैमरा

पकड़े सब बोल्ड हो गए। पत्रकारों से इतनी बेरुखी भी अच्छी नहीं थी! उन्हें तो ऑर्डर मिला था कि दिखाओ तस्वीरें। और आपने शादी के दौरान रिजॉर्ट के भीतर तो क्या, दरवाजे तक नहीं पहुंचने दिया! इतना घमंड अच्छा नहीं।

भइया, ऐसा इसलिए कह रहा हूं, क्योंकि इस बेरुखी के चक्कर में टीवी पत्रकारों को जैसे-तैसे, कैसे-कैसे अपनी रिपोर्ट दिखानी पड़ी। और हम दर्शकों को क्या क्या झेलना पड़ा। यकीं न हो तो चंदामामा न्यूज के रिपोर्टर की सुनिए–

''अब मैं खड़ा हूं विश्रांति रिजोर्ट के भीतर, जहां कल धोनी की शादी हुई थी। हमारे साथ हैं वो बर्तन साफ करने वाले भाईसाहब, जिन्होंने धोनी की शादी के बाद बर्तनों को साफ किया।

''भाई साहब, किस तरह के पकवान बने थे शादी में?''

''छप्पन भोग था। लेकिन, मैं चख नहीं पाया, इसलिए स्वाद नहीं बता पाऊंगा।''

अब हम बात करते हैं उस झाड़ू लगाने वाले से, जिसने उस मंडप पर झाड़ू लगाई, जिस पर धोनी और साक्षी बैठे थे।

''तो भाई साहब, क्या झाड़ू लगाने के बाद कुछ मिला। और आपको अब कैसा महसूस हो रहा है?''

''जनाब, बड़े ही शातिर थे बाराती। न्यौछावर सारी बीन ले गए। गले-टूटे फूलों के अलावा कुछ नहीं मिला। हां, झाड़ू लगाने के बाद मुझे बहुत अच्छा महसूस हो रहा है, क्योंकि कूड़े में से भी धांसू धांसू टाइप की खुशबू आ रही थी।''

"चलिए अब हम आपको मिलवाते हैं रिजॉर्ट के बाथरूम संरक्षक से। और पता करते हैं...। क्षमा कीजिए अचानक वक्त की कुछ कमी है, क्योंकि अब हमें सीधे रांची चलना है, जहां से खबर है कि धोनी हवाई जहाज से उतरने वाले हैं।"

माही भइया, इस रिपोर्ट को पढ़ने के बाद उम्मीद है कि आप इस बार किसी कार्यक्रम में पत्रकारों पर बंदिश नहीं लगाएंगे। वरना...हम दर्शकों को झूठे बर्तन, टूटे फूल, बिखरा फर्नीचर और टॉयलेट...

सीजन देशभक्ति का

गर्मी, जाड़ा और बरसात। ये तीनों मौसम हिन्दुस्तानियों को खूब पता हैं। कहने को बसंत का मौसम भी होता है। लेकिन, इन दिनों यह मौसम महंगे आलू-प्याज सा लापता ही रहता है। महानगरों में बसंत का मौसम 'वेलेंटाइन डे' आने पर पता लगता है, जब चारों ओर मुहब्बत की हवा बहती है। वेलेंटाइन डे के विरोधी ऐलान करते हैं कि बसंत का मौसम ही प्यार का मौसम है और यह दिन पश्चिमी देशों की एक साजिश है। खैर, इन चारों मौसमों से इतर एक मौसम और होता है, जिसका किताबों में खास जिक्र नहीं है। ये मौसम है देशभक्ति का।

वर्ल्ड कप आने पर राष्ट्रभक्ति का मौसम अचानक मुल्कों को अपने आगोश में ले लेता है। फुटबॉल का वर्ल्ड कप हो तो जर्मनी-ब्राजील और इटली जैसे देश इसकी हवा में बहते हैं। क्रिकेट का वर्ल्ड कप हो तो भारत-पाकिस्तान और वेस्टइंडीज जैसे मुल्क।

वैसे, क्या मस्त मौसम है देशभक्ति का! बंदा झटके में देशभक्त हो लेता है। ट्रेन में रिजर्वेशन से लेकर बैंक में लोन के लिए फाइल आगे बढ़वाने जैसी सैकड़ों जगहों पर रिश्वत देने-लेने के बाद बंदा

टेलीविजन स्क्रीन के सामने सिर्फ अपनी टीम को जीतते हुए देखना चाहता है। दफ्तर में काम करने के बजाय खिलाड़ियों की गलतियों पर समग्र चर्चा के बाद ऐलान करता है कि राष्ट्रगौरव से बढ़कर कुछ नहीं। वर्ल्ड कप के मौसम में किलो के भाव में देशभक्ति बिकती है। पान की दुकान से लेकर पकौड़े तलने और खबर लिखने वालों के पास से इसे खरीदा जा सकता है। इसकी कीमत है, चर्चा में वक्त दीजिए, देशभक्ति लीजिए।

क्रांतिकारी किस्म के देशभक्त वर्ल्ड कप के पहले मुकाबले के वक्त वायरल से पीड़ित होते हैं और फाइनल तक टाइफायड का शिकार हो लेते हैं। इस मौसम में कुछ महान क्रांतिकारी अपनी बीवियों को मायके भी भेज देते हैं ताकि राष्ट्रपूजा में कोई व्यवधान न हो।

तो जनाब, वर्ल्ड कप आज से शुरू हो रहा है। आप भारतीय हैं तो आपकी रगों में खून भले न बहे, क्रिकेट जरूर बहता होगा। यानी आप भी देशभक्ति की लहर पर सवार होने को हैं। आइए, देशभक्ति के मौसम में रंग जाइए और सारा काम धाम छोड़कर मुल्क की जीत के लिए प्रार्थना कीजिए। काम का क्या है। उसे करने को तो बहुत मौसम आएंगे!

मुझे दीजिए भारत रत्न

इधर लोगों के पास बड़ा फालतू वक्त आ गया है। तरह तरह की मांगें करने लगे हैं। अब सचिन तेंदुलकर को भारत रत्न देने की मांग को लीजिए। जिसे देखो, वो सचिन के लिए भारत रत्न मांग रहा है। संसद में सरकार और विपक्ष पेट्रोल-डीजल की कीमत को लेकर एकमत नहीं हैं। महिला आरक्षण के मुद्दे पर एक दूसरे को पटकने में लगे हैं। महंगाई विपक्ष को दिख रही है तो सरकार को नहीं। लेकिन, सचिन को भारत रत्न की मांग पर सब सहमत हैं। वाह रे सचिन! बापू जीवित होते तो बड़े खुश होते कि कोई तो है, जिसे लेकर पक्ष-विपक्ष में कोई मतभेद नहीं। और शायद इसी एक खूबी पर सचिन को भारत रत्न दिलवा देते।

लेकिन, बापू नहीं है। और इसके अलावा सचिन में कोई खूबी नहीं है कि उन्हें देश का यह सर्वोच्च सम्मान दिया जाए। भाई, सचिन ने किया ही क्या है? वो हमेशा कहता है कि खेलने में मजा आता है। अब फ्री में मजा लूटते-लूटते भारत रत्न कोई लूट ले जाए, ये देश के लिए अच्छा नहीं। अरे, जब आपने कोई काम ही नहीं किया, सिर्फ मजे

लिए और वो भी खूब नोट पीटकर तो काहे का सम्मान। और सचिन तो 'मैन ऑफ द मैच' भी खूब लूटते रहे। अपने आधे मैचों में भाई साहब अवॉर्ड लूट ले गए। क्या बाकियों ने मैदान में पसीना नहीं बहाया! बाकी खिलाड़ी मुंह ताकें और सचिन मलाई चाटें? हद होती है कि इस अंधेरगर्दी की!

बचपन में बड़े भाई ने रमाकांत आचरेकर जैसे कोच के यहां भर्ती करा दिया। उस्ताद टॉप क्लास हो तो चेला तो कमाल करेगा ही! और खिलाड़ी चौके-छक्के मारे, वनडे में 200 मारे, रिकॉर्ड पर रिकॉर्ड बनाए तो इसमें कमाल कैसा? उसका काम है ये। फिर, मदर टेरेसा, अब्दुल कलाम, लता मंगेशकर और तमाम दूसरी हस्तियां चप्पल घिस-घिसकर थक लीं तब सरकार को दया आई। बुढ़ापे में मिलता है भारत रत्न।

मेरी सरकार से अपील है कि इस तरह की उलजुलूल मांगों पर ध्यान न दिया जाए। और अगर नियम में ढिलाई की गुंजाइश हो तो मेरे नाम पर ध्यान दिया जाए। आखिर, इस महंगाई में जब दाल-चावल-आलू-टमाटर के दाम सचिन के टोटल रनों से ज्यादा हो गए हैं, तब भी मैं स्ट्रोक पर स्ट्रोक खेलकर परिवार का पेट पाल रहा हूं। गढ्डों के बीच से निकलती सड़क पर मैं रोज बाइक से स्वीप-कट-पुल लगाता हूं। पानी-बिजली की समस्याओं के बाउंसर के बीच नॉटआउट टिका हूं। लंबी फेहरिस्त है मेरी महानता की। खैर, चलूं देखूं कोई है क्या मुझे भारत रत्न दिलाने वाला...।

लॉबिंग का सिलेबस

इधर एक यूनिवर्सिटी से प्रस्ताव आया है। सिलेबस तैयार करने का। पाठ्यक्रम नया है और संभवतः आस्ट्रेलिया, अमेरिका, मंगोलिया, कंबोडिया किसी देश की यूनिवर्सिटी में नहीं पढ़ाया जाता। कोर्स है लॉबिंग का। पत्रकार होने के नाते यूनिवर्सिटी ने मुझे ही कोर्स तैयार करने के लिए सबसे लायक आदमी समझा। पिछले दिनों यूनिवर्सिटी के वाइस चांसलर से एक-दो लोगों को मिलवाया था और इसी मिलने-मिलवाने की योग्यता को लॉबिंग का कोर्स तैयार करने की क्वालिफिकेशन मान कर उन्होंने यह महती जिम्मेदारी सौंप डाली।

सिलेबस तैयार करने के लिए दस हजार रुपए का भुगतान भी होना है, सो लालच में यह प्रस्ताव ठुकराया भी नहीं जा सकता। वैसे, शेक्सपीयर, कीट्स, कालिदास, कबीरदास, बोफोर्स और राममंदिर जैसे मुद्दों पर पीएचडी करनी होती तो परेशानी नहीं होती क्योंकि एक रात में बैठकर सारा माल इंटरनेट से उठाकर चेंपना था। लेकिन, लॉबिंग का सिलेबस कैसे तैयार करूं? किसी यूनिवर्सिटी में कोर्स है नहीं, जहां की वेबसाइट से सिलेबस उड़ा सकूं! लॉबिंग पर छह छह पन्ने छापने वाली

करमजली पत्रिकाओं या अखबारों में भी इस महान काम को दक्षतापूर्वक निपटाने की योग्यता को चरणों में नहीं बताया गया। जब कोर्स कहीं है ही नहीं, तो प्रोफेसर ढूंढ़ना मुश्किल है। और जो इस खेल के महारथी हैं, उनसे मिलने की अपनी औकात नहीं है।

काश! कभी अपन भी लॉबिंग के खिलाड़ियों के साथ उठे-बैठे होते। उनकी झूठी चाय भी पी ली होती तो आज एक टुच्चे से सिलेबस तैयार करने में इतना सिरदर्द नहीं होता। लेकिन, खुदा कब मेहरबां हुआ है हम गरीबों पर? हां, इस प्रस्ताव के चक्कर में दिमाग में दो विचारणीय प्रश्न आ गए। पहला, लगभग सभी यूनिवर्सिटी का यही हाल है कि जिसे जो पढ़ाना नहीं आता, वो वही सब्जेक्ट पढ़ा रहा है। दूसरा, इस लॉबिंग के कोर्स का सिलेबस सही तरीके से तैयार कर दूं तो शायद लाखों छात्रों का भविष्य सुधर जाए। लॉबिंग करने वालों का भविष्य उज्ज्वल है, इसमें किसे संदेह है? दिक्कत यह कि प्रोफेशनल लॉबिस्ट यूनिवर्सिटी तैयार नहीं कर रही।

लॉबिंग का कोर्स इस देश में रोजगार की नयी संभावनाएं खोल सकता है। हमारे लॉबिस्ट अमेरिकी वीजा लेकर वहां भी अपना जलवा दिखा सकते हैं। वहां भी लॉबिंग होती है, लेकिन कोर्स नहीं है। आखिर डिग्रीधारी की कुछ तो औकात होती है! खैर, राष्ट्रहित में यह महान काम मेरे कंधों पर आन पड़ा है तो मैं मुंह नहीं चुराऊंगा। हार नहीं मानूंगा। लीजिए, दिमाग में लेटेस्ट आइडिया आया है। चलूं...नीरा मैडम से मिलने का वक्त मांगता हूं। पहले निवेदन करूंगा...फिर गिड़गिडाऊंगा, लेकिन किसी भी कीमत पर मनाऊंगा...। राष्ट्रहित में वो भी कहां मना कर पाएंगी?

एक नजर इधर भी

आदरणीय असांज साहब,

आपके लिए हमारे मन में सम्मान लगातार भारत में बढ़ रही महंगाई सरीखा बढ़ रहा है। आप महाभारत के संजय से दूरदृष्टा हैं और आपकी गिद्ध दृष्टि ईरान से तूरान तक हर तरफ है। वैसे, ये तूरान कहां है, मुझे नहीं पता लेकिन मुहावरों का इस्तेमाल इस पत्र को विशिष्टता प्रदान कर सकता है। आपके विशाल हृदय में मेरे प्रति कुछ सम्मान पैदा कर सकता है और बहुत संभव है कि पत्र को पढ़ने के बाद आप मेरी अपील पर गौर फरमाएं।

तो जनाब, अब मैं सीधे सीधे मुद्दे की बात पर आता हूं। इधर, देख रहा हूं कि आप कई दिनों से भारत की छीछालेदर करने पर तुले हैं। तमाम दिग्गजों के केबल आप लगातार लीक किए जा रहे हैं। लेकिन, मैं आपसे एक राज साझा करना चाहता हूं। वह यह कि एक केबल मेरा भी है, जिस पर आप ध्यान नहीं दे रहे हैं।

एक साल पहले एक पार्टी में अमेरिकी राजदूत मेरे निकट खड़े थे, और तभी मैंने उन्हें कई बातें बताई थीं। मेरी अपील है कि उन बातों

को भी लीक किया जाए। आप बहुत बड़े लीकिंग एक्सपर्ट बने फिरते हैं, लेकिन मेरी गोपनीय बातों को लीक नहीं कर रहे। मैंने पार्टी में कहा था, मेरे जैसे कई लोगों के स्विस बैंक में लाखों डॉलर जमा हैं और मैं इस रकम से प्रधानमंत्री को खरीदने की योजना बना रहा हूं। मैंने यह भी कहा था कि विपक्ष के नेता अपनी बेटी की शादी एक छोटे देश के प्रधानमंत्री के बेटे से करा रहे हैं ताकि उनके मरने के बाद उस देश की सत्ता हथियाई जा सके। यह भी मेरा ही खुलासा है कि विपक्षी दल का एक बड़ा नेता एक विदेशी लड़की से 2012 में शादी करेगा और वो लड़की विदेशी जासूस है। इसके अलावा भी कई अहम खुलासे किए थे, जिन्हें खत में लिखना ठीक नहीं क्योंकि इस खत के भी लीक होने की पूरी संभावना है।

तो जनाब, नजरे इनायत इधर भी कीजिए। अब आप पर्सनल हो ही लिए हैं और तो हमारी पर्सनेलिटी को भी देखिए। वैसे, सच कहूं तो विकिलीक्स के केबल में हमारा नाम नहीं आया तो बड़ी फजीहत हो जाएगी। इधर, स्टेटस सिंबल हो गया है विकिलीक्स के खुलासों में नाम आना। अभी तक इंडियन सोसाइटी में इनकम टैक्स के छापे स्टेटस सिंबल तय कर रहे थे, लेकिन अब विकिलीक्स तय कर रहा है।

मैं अब आपको सीधा ऑफर देता हूं। खुलासा आपके मन का... नाम सिर्फ और सिर्फ मेरा। आप मनचाही सनसनी पैदा कीजिए। लेकिन हमारा नाम लेकर!

‘दारूबाज आंदोलनकारी’ का इंटरव्यू

महाराष्ट्र सरकार ने 25 साल से कम उम्र के नौजवानों के शराब पीने पर रोक लगा दी है। अभिनेता इमरान खान इस संबंध में अदालत का दरवाजा खटखटाने को तैयार हैं। इसी बीच, मेरी मुलाकात एक दारूबाज से हो गई, जो संयोग से आंदोलनकारी भी है। इस दारूबाज आंदोलनकारी ने इमरान खान से अपील की है कि वह भी अपनी मांग के पक्ष में जंतर मंतर पर दारूबाजी का कार्यक्रम करें। यह आंदोलनकारी अपने हजारों साथियों के साथ इस आंदोलन में शिरकत करेगा। देश में इन दिनों आंदोलन-आंदोलन खूब खेला जा रहा है, तो क्या पता यह आंदोलन भी सुपरहिट हो जाए। लिहाजा, मैंने इन महाशय का इंटरव्यू कर डाला।

सवाल–जनाब, आप जंतर मंतर पर दारूबाजी का कार्यक्रम करना चाह रहे हैं। ऐसा क्यों?

जवाब–मेरी अपील है इमरान से कि वह पहला कदम उठाए। उनकी जीभ पीने को बहुत लपलपा रही है। यही हाल हमारा भी रहता है। वैसे, पीने से उम्र का क्या लेना देना। जब आदमी खुश हो-दुखी

हो तो पी सकता है। पीने को उम्र से बांधना संविधान के खिलाफ है। हमारा आंदोलन सरकार की इसी कोशिश के खिलाफ होगा।

सवाल–लेकिन, रोक लग जाए तो बुराई भी क्या है? नौजवान दारू नहीं पीएंगे तो अच्छा ही होगा।

जवाब–क्या फालतू बात करते हैं। नौजवान नहीं पीएंगे तो कौन पीएगा? क्या सरकार कहती है कि महंगाई 25 साल से कम उम्र के नौजवानों को नहीं सताएगी। पुलिस के डंडे 25 से कम वालों को नहीं झोरेंगे। तो फिर ईश्वर के अद्भुत प्रसाद को ग्रहण करने पर रोक क्यों।

सवाल–लेकिन इस आंदोलन से क्या फायदा होगा?

जवाब–एक तो 25 साल से कम उम्र वाला कानून नहीं बनेगा। दूसरा, देश के समस्त दारूबाज एक प्लेटफॉर्म पर आकर संगठित होंगे। और यह संगठित हो गए तो दुनिया का कोई माई का लाल इनके आगे टिक नहीं सकता।

सवाल–आप दारूबाज हैं, लिहाजा आपका पक्ष मैं समझ रहा हूं। पर आपको नहीं लगता कि दारूबाजी सेहत के लिए खतरनाक है और इसे छोड़ देना ही फायदेमंद है?

जवाब–आप शायद पीते नहीं है। इसीलिए इस तरह के फालतू तर्क दे रहे हैं। दारू पीने से भूख बहुत लगती है। दारू पीने के बाद आदमी के भीतर एक झटपटाहट होती है, जो शरीर को एक्टिव बनाती है। हार्ट-लीवर फेल वाली बात बकवास है। जिनका फेल होना होता है, वह कुर्सी से गिरकर हो लेता है। दारू से एक पॉजिटिविटी आती है। बंदा अंग्रेजी न बोल पाता हो तो उसे दारू पिला दो...वो अंग्रेज से भी तेज अंग्रेजी बोल सकता है।

सवाल–लेकिन, समाज पर बुरा असर पड़ता है।

जवाब–फिर वही वाहियात तर्क। हरिवंश जी कह गए हैं कि मंदिर मस्जिद बैर कराए मेल कराए मधुशाला। धर्मनिरपेक्ष-जातिनिरपेक्ष और अर्थनिरपेक्ष बनाती है दारू।

सवाल–एक निजी सवाल। आपने दारू कब पीना शुरू की।

जवाब–मैंने शादी के बाद दारू पीना शुरू किया। एक साल तक रोज शाम को पत्नी को आईलवयू बोला तो दूसरे साल से उसे आदत पड़ गई। जिस दिन आईलवयू न बोलो तो अगले दिन खाने में तेज नमक झोंक दे। ज्यादा गुस्से में हो तो तेज मिर्च उड़ेल दे। और यकीं

जानिए कोई भी गंभीर बंदा होशो-हवास में बीवी को रोज आईलवयू नहीं बोल सकता। एक मित्र की सलाह पर मैं पीने लगा और फिर चमत्कार हो गया। घर पहुंचते ही बीवी को आईलवयू बोलने लगा...। अब पत्नी भी खुश है और अपन भी।

सवाल–आखिरी सवाल। ये बताइए कि दारूबाजी छोड़ने के विषय में कभी नहीं सोचा।

जवाब–सच कहूं तो एक बार सोचा था। यह ख़तरा मोल लेते हुए कि बीवी को आईलवयू कैसे बोलूंगा, मैंने दारू छोड़ने का प्लान भी बनाया। लेकिन, जिस दिन दारू छोड़ कर बैठा, मैं सोचने लगा। सोचने लगा तो दिमाग घनचक्कर हो गया। आलू साला देखते देखते 50 रुपए किलो पहुंच चुका है। बिजली का बिल 5000 रुपए महीने का आ रहा है। बच्चों की फीस ने कमरतोड़ दी है। दारू का अद्धा भी 150 का है। यानी इस महंगाई में जिंदा रहना है तो सोचना छोड़ना होगा। और सोचना छोड़ने की एक ही दवा है दारू। तो मैंने फिर दारूबाजी शुरू कर दी।

अखियां दिल्ली दर्शन को प्यासी

'हे ऊधो, ये अखियां दिल्ली दर्शन को प्यासीं।' भटिंडा के पास के एक गांव के मंगत सिंह अपने परम प्रिय मित्र उधम सिंह को अपनी व्यथा बताते-बताते काव्यमय हो रहे हैं। हे ऊधो, तो क्या हुआ कि मैं यहां पैदा हुआ, तो क्या हुआ कि मेरे सखा बाल गोपाल सभी इस गांव की सीमा रेखा पार कर सकने की तमाम कोशिशों के बावजूद भी यही हैं, तो क्या हुआ मेरी पहली प्रेमिका संतो और बीबी परमजीत दोनों यही हैं, तो क्या हुआ अपनी दुकान भी शहर के बीचोंबीच है और मकान भी, तो क्या हुआ कि गांव में देशी दारू का ठेका भी है और अंगरेजी दारू का भी। और तो क्या हुआ कि ठेका बंद भी हो जाए तो अपन पान की दुकान वाले से उसके गुप्त स्टॉक में से पउआ निकालने वाले उस्ताद हैं। हे ऊधो, इतनी खासियतों के बाद भी यह गांव अब अपन को नहीं भाता। अखियां दिल्ली दर्शन को ही प्यासीं।

आठवीं पास मंगत सिंह ने जब से एक अखबार में दिल्ली सरकार की नयी आबकारी नीति के बारे में सुना है, उसे दिल्ली दर्शन की प्यास जाग उठी है। नयी नीति के मुताबिक गली, मुहल्लों और पान की दुकान

वाले भी पउए बेचेंगे। ऑर्डर देकर शराब घर मंगाई जा सकेगी।

नयी आबकारी नीति से मामला पेचीदा बन गया है। सरकार के तर्क अपनी जगह हैं कि जहरीली शराब नहीं पीएंगे अब लोग दिल्ली में। हर जगह मिलेगी इसलिए। राजस्व में भी बढ़ोत्तरी होगी आदि आदि। उधर, अखिल भारतीय पियक्कड़ महासंघ के देश के कोने कोने में फैले सदस्यों में इस निर्णय को लेकर खासा रोष है। वे यह नहीं कहते कि दिल्ली सरकार को यह निर्णय नहीं करना चाहिए या यह निर्णय गलत है। वे कहते है कि यह एक ऐसा निर्णय है, जिसे समान रूप से सारे देश में एकसाथ लागू किया जाना चाहिए। सोमरस की मांग क्या दिल्लीवासियों में ही है?

राजस्थान, गुजरात, यूपी, तमिलनाडु, केरल, पंजाब में क्या सबके गले तर पड़े हैं? और एमपी वालों के दुख का तो बुरा हाल है। उस पर भी इंदौर वालों की व्यथा तो बहुत ही कष्टकारक है। कहने को तो इंदौर की हर गली, हर मुहल्ले में मधुशालाएं खुली हैं। पर मधुशाला के अंदर जाओ तो हो जाती है गुगली। अंदर मिलता है गन्ने का रस। इसके अलावा सारी जहरीली शराब क्या दिल्ली में ही बेची जाती है?

पियक्कड़ महासंघ के सदस्यों के तर्क भी जोरदार हैं। पियक्कड़ महासंघ ने इस मसले का लेकर देशव्यापी आंदोलन चलाने की धमकी भी दे दी है। महासंघ के अध्यक्ष ने कहा है कि अगले एक महीने में यदि सारे देश में सोमरस की बिक्री को लेकर एक समान कानून लागू न हुआ तो वे संसद का घेराव करेंगे। राशन की दुकानों पर ताला डाल देंगे। सोमरस की दुकान पर ताला डालने का कोई मतलब नहीं है। इससे से तो महासंघ के सदस्यों का ही नुकसान होगा। महासंघ ने आंदोलन को समग्र रूप से चलाने के लिए कुछ नारे भी गढ़ लिए हैं।

उधर, कुछ शुष्क गले वाले विरोधी दलों के लोग नयी आबकारी नीति के विरोध में उतारू हैं। सरकार को तरह तरह की चेतावनी दे रहे हैं। डरा रहे हैं। खबर है कि सरकार भी विपक्षी दलों की आलोचना से कुछ भयभीत हो चली है। सरकार की ओर से एक वक्तव्य यह भी आया है कि यदि नयी आबकारी नीति के परिणाम घातक दिखायी दिए तो सरकार नयी नीति को वापस भी ले सकती है। इसका मतलब नहीं मिलेगा पउआ खुल्ला। यह मामला सही नहीं है। लाखों लोगों को इस नयी नीति से कुछ आशाएं जागी हैं। कुछ वीर स्कूल कॉलेज के जवान

भी इस नीति के बहाने से अपना गला पहली बार तर्र करने के सपने लगाए बैठे हैं। कहीं नीति वापस ले ली गयी तो उन लाखों नौजवानों के सपनों पर तुषारापात हो जाएगा। अखिल भारतीय पियक्कड़ महासंघ के अध्यक्ष ने सरकार के इस निर्णय पर अपनी प्रतिक्रिया व्यक्त करते हुए कहा है 'सरकार को ऐसा हरगिज नहीं करने दिया जाएगा। और सबसे बड़ी बात तो यह कि कभी सही कदम उठाने के बाद पीछे लौटा जा सकता है क्या?

फिलहाल मंगत सिंह ने अपना बैग पैक कर लिया है।

नए जमाने में गब्बर की होली

"अरे ओ सांभा, होली कब है? कब है होली?" जेल से छूटकर लौटे गब्बर ने बौखला कर सांभा से पूछा।

"सरदार, होली 8 तारीख को है। लेकिन, अचानक होली का ख्याल कैसे आया। बसंती तो गांव छोड़कर जा चुकी है, और ठाकुर भी अब जिंदा नहीं है। फिर, होली किसके साथ खेलोगे?

"धत् तेरे की। लेकिन, वीरू-जय उनका क्या हुआ?"

"सरदार, तंबाकू चबाते चबाते तुम्हारी याददाश्त भी चली गई है। जय को तुमने ही ठिकाने लगा दिया था, और वीरू बसंती को लेकर मुंबई चला गया था।"

"जे बात...। जेल में बहुत साल गुजारने के बाद फ्लैशबैक में जाने में दिक्कत हो रही है। खैर, ये बताओ बाकी सब कहां हैं।"

"कौन बाकी। तुम और हम बचे हैं। कालिया को जैसे तुमने मारा था, उसके बाद सारे साथी भाग लिए थे। बचे खुचे जय-वीरू ने टपका दिए थे।"

"तो रामगढ़ में हमारी कोई औकात नहीं अब? कोई डरता नहीं

हमसे? एक जमाना था कि यहां से पचास पचास मील दूर कोई बच्चा रोता था तो मां कहती थी कि...''

''अरे, कित्ती बार मारोगे ये डायलॉग। इन दिनों बच्चे रोते नहीं। मां-बाप रोते हैं। बच्चे हर दूसरे दिन मैक्डोनाल्ड जाने की जिद करते हैं। मल्टीप्लेक्स में फिल्म देखने की मांग करते हैं। बंगी जंपिग के लिए प्रेशर डालते हैं। एक बार बच्चों को घुमाने गए मां-बाप शाम तक दो-तीन हजार का फटका खाकर लौटते हैं...।"

''सांभा, छोड़ो बच्चों को। बसंती की बहुत याद आ रही है। बसंती नहीं है धन्नो के पास ही ले चलो।''

''अरे सरदार...कौन जमाने में जी रहे हो तुम। धन्नो बसंती की याद में टहल गई थी। और धन्नो की बेटी बन्नो धन्नो की याद में निकल ली। अब, धन्नो नहीं सेंट्रो, स्विफ्ट, नैनो, एसएक्स-4, सफारी वगैरह से सड़कें पटी पड़ी हैं।''

''अरे, ये कौन से हथियार हैं?''

''ये हथियार नहीं। मोटर कार हैं। तुम्हारे जमाने में तो एम्बेसेडर भी बमुश्किल दिखती थी। अब नये नये ब्रांड की कारें आ गई हैं।''

''सांभा, होली आ रही है। रामगढ़ की होली देखे जमाना हो गया। होली कार में बैठकर देखेंगे। आओ कार खरीदकर लाते हैं।"

''अरे तुम्हारी औकात नहीं है कार खरीदने की।''

''जुबान संभाल सांभा। पता नहीं है सरकार कित्ते का इनाम रखे हैं हम पर।''

''भटा इनाम। कोई इनाम नहीं है तुम पर अब। और जो था न पचास हजार का! उसमें गाड़ी का एक पहिया नहीं आए। सबसे छोटी गाड़ी भी तीन-चार लाख की है। तुम तो साइकिल पर होली देख लो– यही गनीमत है।''

''सांभा, बहुत बदल गया रे रामगढ़। अब कौन सी चक्की का आटा खाते हैं ये रामगढ़ वाले?''

''अरे, काई की चक्की। चक्की बंद हो ली सारी सालों पहले। अब तो पिज्जा-बर्गर खाते हैं। गरीब टाइप के रामगढ़ वाले कोक के साथ सैंडविच वगैरह खा लेते हैं। इन दिनों गरीबों के लिए कंपनी ने कोक के साथ सैंडविच फ्री की स्कीम निकाली है।

''सांभा, खाने की बात से भूख लग गई। होली पर गुझिया वगैरह तो अब भी बनाते होंगे ये लोग?''

''गब्बर बुढ़िया गए हो तुम। आज के बच्चों को गुझिया का नाम भी पता नहीं। बीकानेरवाला, हल्दीरामवाला, गुप्तावाला वगैरह वगैरह मिठाईवाले धांसू डिब्बों में मिठाई बेचते हैं। बस, वो ही खरीदी जाती हैं। एक-एक डिब्बा सात सौ-आठ सौ का आता है। तुमाई औकात मिठाई खाने की भी नहीं है।''

''सांभा, तूने बोहत बरसों तक हमारा नमक खाया है न..?''

''जी सरदार''

''तो अब गोली खा। गोली मारकर फिर जेल जाऊंगा। वहां अब भी होली पर रंग-गुलाल उड़ता है, दाढ़ी वाले गाल पर ही सही पर बाकी कैदी प्यार से रंग मलते हैं तो दिल खुश हो जाता है। जेल में दुश्मन पुलिसवाले भी गले लगा लेते हैं होली पर। ठंडाई छनती है खूब। और मिठाई मिलती है अलग से। सांभा, रामगढ़ हमारा नहीं रहा। तू जीकर क्या करेगा।''

धांय...

ये कैसा बेशर्मी मोर्चा!

फिल्मों में अकसर ऐसा होता है। देखने जाओ कुछ निकले कुछ और। बात फिल्मों की होती तो कोई बात नहीं थी। धोखाधड़ी की आदत सी है दर्शकों को। धोखा जब मोर्चे में होने लगे तो सब्र का बांध टूटना लाजिमी है। पड़ोसी वर्मा जी के छोरे बंटी की तरह। ऐन मौके पर जनाब को नानी के घर कानपुर भेजा गया था काम से। लेकिन उसका दिल लगा था दिल्ली के बेशर्मी मोर्चे में। ट्रेन में लौटने का रिजर्वेशन नहीं मिला तो एजेंट से जैसे तैसे तत्काल में टिकट कराकर लौटा।

यह समझने की गलती न कीजिएगा कि बंटी भइया महिला शक्ति के समर्थक और लड़की छेडुओं के खिलाफ क्रांति का बिगुल बजाने आयोजन स्थल पर पहुंचे थे। बंटी तमाम बबलुओं-संटी-चंटी और राजू-रामू की तरह बेशर्मी मोर्चे में इसलिए पहुंचे थे ताकि बेशर्म होती लड़कियों को ताड़ सकें। इधर, मुहल्ले की लड़कियां सयानी हो ली हैं। घर से सलवार कुर्ते में ही निकलती हैं। किसी मॉल-शॉल के वाशरूम में बहनजी बनकर घुसती हैं और कैट-दीपिका बनकर निकलती हैं। घूमने-फिरने के बाद घर फिर सलवार कुर्ते में ही पहुंचती हैं।

गर्मी में किसकी पहनूं

गर्मी आ रही है। अब स्वेटर और ऊनी कपड़ों का खेल खत्म हुआ। साथ साथ हमारी अंदर की फटी बनियानों का खेल भी। सर्दियों का एक फायदा यह होता ही है। कोई नहीं देख पाता कि बनियान में कितने 'ओ' हैं? छेद कहते हुए थोड़ी शर्म आती है। पिताजी की पहनी है या छोटे भाई की। गंदगी में सारे रिकॉर्ड ध्वस्त कर रही है या सफाई मे निरमा, सर्फ समेत सब वाशिंग पाउडर की उजली धुलाई को मात कर रही है? पर कम्बख्त गर्मी सारी गोपनीयता एक झटके में खत्म कर देती है।

आरटीआई ने सरकारी विभागों की गोपनीयता की ऐसी-तैसी कर दी और गर्मी अपनी गोपनीयता का भंडाफोड़ कर देती है। कितना भी बचो, बच नहीं सकते। मानो फिल्म का विलेन हवाई जहाज में बैठ के उड़ गया हो, लेकिन चैन की सांस लेते ही अचानक भगवान की तरह अमिताभ बच्चन सामने खड़े हो जाएं। फिर चिल्लाएं 'साले, हमसे बचना चाहता है। भाग कहां तक भागेगा। तू दुनिया के किसी कोने में भी छुप जाए तो भी मैं तुझे नही छोडूंगा। आज सबको पता चल

जाएगा कि सिस्टम में छेदों का फायदा उठाकर कैसे तूने अपनी तिजोरी भरी हैं।' कहने का आशय यह है कि गर्मी आते ही अंदर की फटी, पुरानी, गंदी बनियान बदलना जरूरी एवं मजबूरी हो जाती है। हमारे लिए जरूरी और मजबूरी एक ही शब्द के पर्यायवाची हैं। कुछ लोग अपनी नाक के बाएं छिद्र से 'हूं की विचित्र ध्वनि निकालते हुए अपनी विशिष्ट राय के रूप में हमें 'चीमड़' जैसी कुछ उपाधियों से विभूषित कर सकते हैं। पर इस विशिष्ट प्रशंसा पत्र को ग्रहण करते समय मैं यहां अपने संक्षिप्त एवं सारगर्भित भाषण में स्पष्ट कर देना चाहूंगा कि आज हमारे विचारों से प्रेरित नौजवानों और उम्रदराजों की एक फौज है। ये वे लोग हैं जो पैसे की कीमत समझते हैं। पैसे को शरीर का मैल समझते हैं इसलिए मैल को शरीर से बाहर नहीं जाने देते। जहां तक अधिकाधिक संभव हो! ऐसे विकट समय में जब स्टाइल का जमाना है और लोगों का ध्यान आपकी ब्रांडेड शर्ट या टॉप क्वालिटी के स्वेटर या इर्पोटेड लैदर जर्किन पर हो, हमारे जैसे लोग अंदर की बनियान पर कुछ भी खर्च करना फिजूल समझते हैं। फिजूल से ज्यादा अपमान समझते हैं।

पर गर्मी! गर्मी का क्या है? मुंह उठाया और चले आए। अप्रैल का महीना अभी ढंग से शुरू भी नहीं हुआ है कि शीतल, मदमाती, मनुहारी, गुनगुनाती, प्यारी ठंडी हवा पर लू के भयंकर थपेड़े हावी होने को आतुर होने लगे हैं। मानो अधिग्रहण के लिए एक बार हां करने पर एक कंपनी दूसरी कंपनी को ना कर देगी। झपट लो जैसे भी, कैसे भी। चलो इतना भी ठीक है कि वक्त से पहले आए। पर इतनी मजबूरियां लाएं? जिस चीज में पैसा खर्च करना हमारे जैसे लोग फिजूलखर्ची समझते हैं, उसमें खून पसीने का धन लगाना पडता है। यानी अंदर की बनियानें खरीदनी पड़ती हैं। गर्मी में लू के भयंकर थपेड़ों से जूझते हुए भरी दोपहरिया में शर्ट के ऊपर से सभी बटन बंद नहीं रखे जा सकते। घर में भी लाइट की आंख मिचौली गर्मियों में ही कुछ ज्यादा होती है। उस वक्त भी टू पीस सूट में तो नहीं रहा जा सकता है। कुल मिलाकर बनियान दिखती है या यूं कहिए कि मजबूरी में ही सही दिखानी पडती है। और जो चीज दिखती है वो बढ़िया होनी चाहिए। स्टैन्डर्ड मैंटेन करना पड़ता है जी।

हालांकि कुछ अक्लमंद लोग इस फिजूलखर्ची से बचने के लिए

अपनी गाढ़ी कमाई को इस तरह खर्च करने के बजाय कुछ अक्ल से काम लेते हैं। घर वालों के सामने अपनी बनियान का ऐश्वर्या-शाहरूख के फोटो सेशन की तरह प्रदर्शन करते हैं। एक दिन। कभी कभी दो या तीन दिन। तीन दिन की कसरत के बाद परिवार का ही कोई सदस्य भेंट में बनियान दे देता है। यह कहते हुए कि ऐसी बनियान देखकर उन्हें शर्म आती है। आती रहे हमारे ठेंगे से। यहां एक टिप्स–यदि तीन दिन की प्रक्रिया के बाद भी घर वाले उपयुक्त कदम न उठाएं तो जैसे ही घर में कोई मेहमान टपके वैसे ही बिल्ली सी फुर्ती के साथ उसके सामने अपनी खूबसूरत बनियान में पहुंच जाएं। यह ट्रिक कभी फेल नहीं हो सकती। मेहमान के जाते ही आपको गिफ्ट भी मिलेगा और कुछ गालियां। गिफ्ट ले लें और गालियां हवा में उड़ा दें।

हालांकि हम भी बनियान जैसी फालतू की चीज पर धन खर्च करना व्यर्थ ही समझते हैं पर तमाम अक्लमंदी की बातें बताने के बावजूद बनियान पर खुद ही धन खर्च करते हैं। इसकी एक वजह यह भी है कि पिछले कुछ सालों से हमारी चालाकियों की भी काटें खोज ली गई हैं। जब आदमी अपना पैसा खर्च करता तो चीज भी ठोंक बजाकर ही लेता है। अपनी भी यही आदत है। चूंकि बनियान को ठोंका नहीं जा सकता इसलिए अपन ने टेलीविजन पर विज्ञापनों का सहारा लिया। पर इन विज्ञापनों से तो भयंकर कन्फ्यूजन हो गया। बनियान बेचने वालों की मार मची हुई है टेलीविजन पर। पुरूषों के लिए बनियान सुंदर सुंदर महिलाएं बेच रही हैं। पंजाब दा पुत्तर सनी भी बेच रहा है बनियान तो विरार का छोकरा उर्फ छोटे मियां भी। कह रहे हैं कि ये अंदर की बात है पर खोल कर कह रहे हैं। लोगों की जान बचाते हैं विज्ञापन में, फिर कहते है कि हमारी वाली बनियान पहनो। पानी में तैर के निकलते हैं विज्ञापन में, फिर कहते है कि अपुन की बनियान पहनो। रूपा की पहनो, लक्स की पहनो, डॉलर की पहनो, डीलक्स की पहनो, स्मार्ट की पहनो, स्वागत की पहनो...। पता नहीं किसकी पहनो। बहुत कन्फ्यूजन है। हम तो सिर्फ नाम पता करने गए थे टेलीविजन पर। वहां तो मार मची है। सब अपनी पहनाने को बेताब हैं। एक मारक कन्फ्यूजन और है। वह यह कि कोई बात सनी बाबा कहें और न मानी जाए तो अच्छा नहीं लगता। उधर, चीची भइया नाचते हुए हमसे इतना आग्रह कर रहे हैं तो उनकी वाली न पहनें तो यह उनकी

तौहीन होगी। टीवी के कई और हीरो अलग अपना सुर पेले पड़े हैं। ऐसे में किसकी मानें? विकट कन्फ्यूजन है। बनियान खरीदना इतना मुश्किल तो पहले कभी नहीं था। अब लगता है पहले वाले फंडे को ही अपनाया जाए। किसी मेहमान के आने का इंतजार करता हूं...।

माई बाप मैं ही गधा हूं

माई बाप, मैं ही गधा हूं। हुजूर, आप यकीं करें मेरा गधे की प्रजाति बहुत गहरा नाता, पक्का संबंध और अटूट रिश्तेदारी है। जब भी मैं गाना गाता हूं तो सुर डेंचू डेंचू सा ही निकलता है। सरकार मेरी प्रार्थना है कि मुझे गधे की श्रेणी में रखा जाए। गधा पाढा स्थित ठाकुर हिम्मत सिंह की फैक्ट्री में रामू निरीह स्वर में मालिक से याचना कर रहा है।

मालिक रामू झूठ बोल रहा है। कोरा झूठ। रामू का गधे जैसी रॉयल प्रजाति से संबंध हो ही नहीं सकता। कहां गधे की फैमिली और कहां रामू? डेंचू डेंचू की आवाज तो मिमिक्री है। सरकार आप कहें तो मैं यह साबित भी कर सकता हूं कि रामू का गधे की फैमिली से कुछ लेना देना नहीं है। गधे के राजसी परिवार से नाम जोड़कर रामू अनावश्यक लाभ लेना चाहता है। रामू का जानी दुश्मन रामू के गधे की फैमिली में होने के खिलाफ तर्क दे रहा है।

मैं बहुत कन्फ्यूज हूं। अभी दो चार दिन पहले तक तो गधा, निरा गधा था। आज अचानक गधे की प्रजाति रॉयल कैसे हो गयी? डेंचू डेंचू में रामू जैसों को सुर दिखायी देने लगा है। गधे की श्रेणी में रखने

के लिए निरीह याचनाएं होने लगी हैं। कुछ समझ नहीं आ रहा है कि यह हो क्या रहा है। मैं वास्तव में बहुत कनफ्यूज हूं।

''रामू के खुद को गधे की फैमिली का बताने के सारे तर्क बहुत कमजोर हैं। डेंचू-डेंचू कुछ जोरदार तर्क था पर कालू ने मिमिक्री की बात कह कर उस पर भी पानी फेर दिया है। इसके अलावा रामू कोई भी ठोस सबूत या गवाह पेश नहीं कर पाया है जिससे यह साबित हो सके कि रामू का गधे की फैमिली से किसी भी प्रकार का कोई भी संबंध है या कभी रहा है।'' गांव के सरपंच ने रामू के खिलाफ फैसला दे दिया है।

'नहीं, सरकार यह अन्याय है, यह फैसला गलत है, मैं गधा हूं आप विश्वास करें। मिमिक्री मेरे बाप ने कभी नहीं की, मैं क्या करूंगा?' रामू की करूण चीख वातावरण में गूंज गयी। उधर कालू सुक्खी लाला वाली कुटिल मुस्कान चेहरे पर बिखेरे था। पूरा माहौल हिंदी फिल्मों की अदालत सरीखा हो गया जहां हीरो चीख चीख कर कह रहा हो, मी लार्ड मैंने खून नहीं किया, मुझे फंसाया गया है। और विलेन अपनी कुटिल चालों पर मन ही मन खुश हो रहा था।

मैं अब भी बहुत कन्फ्यूज था। गधे की महिमा समझ नहीं आ रही थी। कल तो जो गधा, गधा बना फिरता था, आज उसकी फैमिली मे शामिल होने का मामला गांव की पंचायत में जा पहुंचा। दिल को चैन नहीं आ रहा था। राज जानना बहुत जरूरी हो गया था।

हमने कालू को पकड़ा। कहा–भइया, तुमने तो कमाल कर दिया। रामू के सारे दांव उल्टे कर दिए। कहीं का न छोड़ा तुमने उसे। भइया थोड़ी बहुत पोथी और पढ़ ली होती तो शहर में काला कोट पहनते। कालू अपनी तारीफ के बहाव में बह गया। हमने पूछा 'एक बात बताओ, रामू गधे की फैमिली में शामिल क्यों होना चाहता था?'

कालू मुस्कराया मानो कह रहा हो भइया तुम बड़े भोले हो। इतना भी नहीं जानते? मैंने कहा, भइया राज खोलों तो चैन मिले। कालू बोला, समाज कल्याण एवं सहकारिता मंत्रालय का पास किया हुआ नया कानून नहीं पढ़ा क्या तुमने। गधा अब पुराना वाला गधा नहीं रहा कि जो मन में आया सो उससे करवा लिया। जहां चाहे रेत दिया और लगा है गधा काम में। गधा अब एक शिफ्ट में ही काम करेगा।

हमने आश्चर्य प्रकट करते हुए कहा 'क्या?

कालू बोला 'अभी पूरी सुनो फिर हलक से क्या निकालना। गधा अब दिन में सिर्फ आठ घंटे ही काम करेगा। वो भी एक शिफ्ट में यानी सूर्यास्त से लेकर सुर्योदय तक वह कुछ काम नहीं करेगा। जिसने भी इससे ज्यादा काम कराया तो समझो लगी उसकी वाट। पीलीभीत वाली बहनजी उसे छोड़ेंगी नहीं। इतना ही नहीं गधे को हर तीन घंटे बाद पानी पीने के लिए और छह घंटे बाद खाना खाने के लिएं अवकाश देना होगा।

हमारे मुंह से फिर निकला 'क्या?' कालू झल्लाया। बोला, 'तुम बसंती की तरह बोलते बहुत हो। चुप रहो और सुनो। गधे से एक दिन में 45 किलोमीटर से ज्यादा पैदल नहीं चलवाया जा सकता अब। रस्सी सिर्फ उसके गले में ही बांधी जा सकती है, पैर में या कहीं और बांधी तो लोहे की रस्सी तुम्हारे पड़ना तय समझो। किसी भी बात का उल्लंघन करते हुए पाए जाने पर तीन साल की कैद का प्रावधान है।'

गधा रॉयल हो गया था, यह बात मेरी समझ में आ रही थी। पर रामू क्यों उसकी फैमिली से जुड़ना चाहता था। कालू ने वह भी स्पष्ट कर दिया। बोला, '18 घंटे काम करता है रामू। न खाने की छुट्टी न पीने की। हुजूर कब लात घूसे कर दें पता नहीं। सो सोच रहा था रॉयल फैमिली में शामिल हो जाएं। पर हम ऐसा कैसे होने देते। अपनी छोरी से हमारे ब्याह के लिए मना करा था सुसरे ने। चखा दिया मजा हमने।'

कालू ने रामू से बदला ले लिया। लेकिन अपन बुदबुदाए, ये कैसा कलयुग है। यहां अब गधा होना भी संभव नहीं!

आदमी बनाम लंगूर

सरकारी नौकरी में जाने के इच्छुक, विशेषकर भारतीय रेलवे में जाने के इच्छुक युवाओं को यह खबर सुनकर निश्चित ही विस्मय भरी मायूसी होगी कि दिल्ली में रेलवे मंत्रालय ने एक लंगूर को भारतीय रेलवे में नौकरी दी है। लेकिन वेदना भरी मायूसी सिर्फ इस कारण से ही नहीं होगी कि नौकरी लंगूर को दी गयी है बल्कि इस कारण से भी होगी कि लंगूर को जिस वेतनमान पर रखा गया है वह रेलवे में असिस्टेंट स्टेशन मैनेजर के ग्रेड का है। लंगूर को आठ हजार रुपये प्रतिमाह के वेतनमान पर रखा गया है। इतना ही वेतन रेलवे में सहायक स्टेशन प्रबंधक यानी एएसएम का भी है। यदि एएसएम शुरूआत में ट्रेनिंग पर है तो उसे आवास भत्ता नहीं मिलता और वेतन घटकर साढ़े छह हजार के आसपास मिलता है। लेकिन जनाब लंगूर को शुरूआत में ही आठ हजार रुपये दिए जा रहे हैं। अब सवाल है कि लंगूर करेगा क्या? जनाब लंगूर जिस काम के लिए जाना जाता है, वह रेलवे में भी वही करेगा। यानी खो खो करते हुए बंदरों को भगाएगा।

जिस दिन से लंगूर के रेलवे में नौकरी संबंधी खबर अखबार में

प्रकाशित हुयी है, रेलवे में नौकरी के इच्छुक युवाओं में खासी बेचेनी है। इसकी एक वजह यह भी है कि लंगूर को बिना किसी परीक्षा और बिना किसी इंतजार के रेलवे की सम्माननीय नौकरी दे दी गयी। मेरे पड़ोसी गुप्ता जी का लड़का पिछले तीन सालों से एएसएम के पद पर चयनित हो चुका है लेकिन उसे आज तक पोस्टिंग नहीं मिली है। गुप्ता जी ने अपनी वेदना इन शब्दों में व्यक्त भी कर दी, 'लंगूर अभी आया, अभी ज्वाइन किया और लग गया काम पर। खबर छपे तो लगभग एक महीना होने वाला है और लंगूर तो अपनी पहली तनख्वाह भी लेने वाला होगा। चोखे चोखे सौ सौ के अस्सी नोट। मजा आ जाएगा उसे तो।'

इधर मेरी चिंता दूसरी है। गुप्ता जी पुराने राजनेता हैं और उन्होंने लंगूर को नौकरी मिलने की खबर को ही राजनीति का मसला बना लिया है। खबर तो यहां तक है कि उनके मार्क्सवादी मित्र अगले रविवार को जंतर मंतर पर धरना प्रदर्शन करने वाले हैं। वैसे तो विपक्षी पार्टी वाले हर चौथे दिन जंतर मंतर पर बैठ जाते हैं लेकिन इस बार उनके पास उसी मसले का लेटेस्ट वर्जन है, जिसे स्वयं काल मार्क्स ने उठाया था। यानी वर्ग संघर्ष का मॉडर्न रूप। एक जमाने में मार्क्सवादी वर्ग संघर्ष बात करते थे, इस बार वे नर-पशु संघर्ष की बात करेंगे। लंगूर इंसान का हक मार रहा है, इसलिए वे संघर्ष करेंगे। बकौल गुप्ता जी, 'सरकार बेरोजगारों को उनका हक दिला नहीं रही, लंगूरों को नौकरी पर रख रही है। इसलिए आंदोलन होकर रहेगा।'

गुप्ता जी की बात में दम था। सरकार ने हर साल एक करोड़ रोजगार पैदा करने का वादा किया था। वे रोजगार तो दिखायी नहीं देते। ऊपर से दो चार नौकरियां पैदा होती ही भी हैं तो सरकार उन्हें लंगूरों को दे रही है। यह अन्याय है। आखिर लंगूर करेंगे क्या? बंदर भगाएंगे न। अगर सरकार इसी काम के लिए दो इंसानों को नौकरी पर रख लेती और उन्हें केवल चार-चार हजार भी देती तो वे हाथ में लाठी लिए दिन भर बंदरों को भगाते रहते। उनके घर में चूल्हा जलता। उनके बच्चे दुआएं देते। लेकिन नहीं, रेलवे को तो लंगूर को ही आठ हजार देने थे।

अन्याय की यह खबर कई हाजमोला खाने के बाद भी हमसे हजम नहीं हो रही थी। सो रेलवे के एक अधिकारी को फोन लगाकर पूछ ही लिया। साहब, आपने लंगूर को नौकरी पर रखा है। क्या आपको बंदर भगाने के काम के लिए इंसान नहीं मिले? वे बोले, बंदर को भगाने

में लंगूर का स्पेशलाइजेशन है। इसलिए लंगूर को हायर किया है। दूसरी बात यह कि इंसान तो बहुत मिल रहे थे लेकिन तमाम लंगूर टाइप के एक्टिव लोग भी रेलवे में आने के बाद अजगर टाइप के आलसी हो जाते हैं और इस बार हमें यह गवारा नहीं था। उन्होंने यह भी कहा कि देखिए, मंत्रालय में बंदर बहुत उत्पात मचा रहे हैं। रोजाना कुछ न कुछ नुकसान कर जाते हैं। ऐसे में एक लंगूर को आठ हजार देना घाटे का सौदा नहीं है। हमने एक बार इसी काम के लिए एक इंसान को नौकरी पर रखा था तीन महीने बाद पता चला कि मंत्रालय में लगे जिन जिन खंभों की लाइटें बंदरों ने तोड़ीं, वे खंभे उन साहब के घर पहुंच जाते। केवल तीन महीने में सत्तर हजार के खंभे ही सरक लिए मंत्रालय से। अब आप ही बताइए, इस बार हमने एक स्पेशलिस्ट को आठ हजार रुपये में हायर लिया तो कुछ गलत किया। लेकिन पत्रकारों को तो एक चटपटी खबर मिल गयी सो उसे ही छापने मे लगे हैं।

अधिकारी का स्पष्टीकरण सुनकर अब मैं भी कनफ्यूज हूं। क्या वास्तव में लंगूर इंसान का काम कर लेता है और इंसान मौका मिलने पर भी बंदरों सी हरकत ही करता है?

●●●